BONSAI

BONSAI

Susan M. Bachenheimer Resnick
Kenro Izu (Fotografie)

Naturbuch Verlag

Titel der englischen Originalausgabe: Bonsai

Die Deutsche Bibliothek – CIP-Einheitsaufnahme
Bonsai: Anschaffung, Pflege, Gestaltung / Susan M. Bachenheimer Resnick. Kenro Izu (Fotogr.). [Übers.: Isabel Schmidt]. – Augsburg: Naturbuch-Verl., 1996
Einheitssacht.: Bonsai <dt.>
ISBN 3-89440-198-2
NE: Resnick, Susan M. Bachenheimer; Izu, Kenro; Schmidt, Isabel [Übers.]; EST

Naturbuch Verlag

Übersetzung: Isabel Schmidt, München
Lektorat: Ingrid Ahnert, Herzogenaurach
Umschlaggestaltung: Parzhuber & Partner
Umschlagfoto(s): Kenro Izu
Satz: Gesetzt aus der 11/13 O. Granjon von Uhl + Massopust, Aalen
Reproduktion: New Interlicer Italien
Printed in Italy

ISBN 3-89440-198-2

Inhaltsverzeichnis

Vorwort

Als der Botanische Garten Brooklyn 1925 die ersten 23 Pflanzen seiner Bonsaisammlung von Ernest F. Coe erhielt, war die Kunst, Zwergbäume in Schalen zu ziehen, außerhalb Japans fast völlig unbekannt. In den letzten 65 Jahren hat sich das Interesse des Westens an dieser alten Form des Gartenbaus in gleichem Maße entwickelt wie die Größe und der Umfang der Gartensammlung.

Der Botanische Garten Brooklyn trägt viel dazu bei, das Interesse der Amerikaner an Bonsai wachzuhalten, indem er zu diesem Thema Kurse veranstaltet, Handbücher veröffentlicht und Filme und Videos produziert. Heute zählt unsere berühmte Sammlung mehr als 700 Freiluft- und Zimmerpflanzen, und man kann ohne weiteres behaupten, daß Bonsai international bekannt und beliebt ist.

Aufgrund der wachsenden Beliebtheit stieg auch der Bedarf an fundierter Information für Anfänger und Fortgeschrittene. So ist es nicht verwunderlich, daß die drei am meisten verkauften Titel des Botanischen Gartens Brooklyn unsere Bonsaihandbücher sind. Mit der Veröffentlichung von Susan Resnicks Buch verfügen wir nunmehr über ein weiteres wertvolles Nachschlagewerk für Bonsailiebhaber. Für den Anfänger liefert dieses Buch klare Anleitungen für das Ziehen von Zwergbäumen. Erfahrenere Gartenfreunde werden Anregungen in den schönen Bildern und interessanten Texten finden. Sowohl für Anfänger als auch Fachleute ist das Glossar für die erfolgreiche Gestaltung und Pflege von Bonsai von unschätzbarem Wert.

Dieses Buch wird dazu beitragen, Menschen für die Kunst des Bonsai zu begeistern. Wir hoffen, daß es vielen den Mut gibt, sich dieser schönen und äußerst befriedigenden Kunst des Gartenbaus zuzuwenden.

Judith D. Zuk

Kapitel 1

Die Geschichte, Kunst und Philosophie des Bonsai

Bonsai. Die Reaktionen auf dieses Wort sind unterschiedlich: Bewunderung, Neugierde, Gleichgültigkeit. Manche Leute sind so begeistert, daß sie diese Kunst jahrelang betreiben und manchmal um die halbe Welt reisen, um bei einem der wenigen Bonsaimeister zu lernen. Für diese überzeugten Bonsaifreunde kann und wird Bonsai oft zur Lebensart. Sie sind es, die eine gelungene Sammlung bewundern und dabei Tränen vergießen. Andere hingegen sind unbeeindruckt von den kleinen Bäumen in den kleinen Schalen. Sie wenden sich ab und sind davon überzeugt, daß die Bäume krank sind oder mißhandelt wurden. In Wirklichkeit ist genau das Gegenteil der Fall.

Wie die Reaktion eines Betrachters auf einen Bonsai auch sein mag, er wird ihn nur schwerlich ignorieren können. Im Ursprungsland China und in Japan, wo die Techniken entwickelt wurden, die heute in der ganzen Welt nachgeahmt werden, werden Bonsai gerne mit Kunst, Geschichte und Philosophie in Zusammenhang gebracht. Der von ihnen ausgehende Zauber ist untrennbar damit verbunden. Heute werden diese Pflanzen auch im Westen immer beliebter.

In diesem Kapitel werden die Geschichte des Bonsai und die damit verbundene Philosophie beschrieben. Weiterhin wird ausgeführt, warum er für viele Menschen zu einem mächtigen kulturellen Symbol wurde. Wenn man einige dieser Faktoren versteht, die dem westlichem Denken häufig fremd sind, kann man leichter Zugang zu dieser Kunstform finden.

Pinus mugo (Bergkiefer). Dieser schöne Halbkaskadenbonsai ist etwa 70 Jahre alt. Diese winterharte Gebirgskiefer ist an das rauhe Klima ihrer Heimat angepaßt. Auf dem Topf mit blauen Füßen sind eine Kiefer und ein Kranich – Symbole eines langen Lebens – abgebildet. Topf und Bonsai bilden eine perfekte Einheit (mit freundlicher Genehmigung von Naga Antiques, New York).

Was ist ein Bonsai?

Für Japaner besteht ohne Zweifel eine Verbindung zwischen Bonsai, Natur, Mensch und Gott. Dies rührt zum einen von der zen-buddistischen Philosophie her, bei der der Geist nur durch wenige ästhetische Mittel Ausdruck finden kann, zum anderen liegen die Wurzeln auch in der Geschichte.

Der Anfänger wird sich vermutlich zunächst am Wort selbst orientieren, um die dahinterstehende Philosophie zu ergründen. Bonsai (das im Gegensatz zur gängigen Meinung »Boun-sai« ausgesprochen wird) bedeutet wörtlich »in eine Schale gepflanzt« oder »eingetopfter Zwergbaum«. Darüber hinaus darf man nicht vergessen, daß Bonsai eine lebendige Kunst ist. Sie ist mit Kunstformen vergleichbar, die mit Leinwand und Farbe oder mit Marmor und Meißel arbeiten, da auch der Bonsai komponiert wird. Beim Betrachter rufen zudem die pure Schönheit des verwendeten Materials und des Pflanzgefäßes sowie die Position und Anordnung emotionale Reaktionen hervor.

Da es keine überlieferten Texte oder Abbildungen gibt, kann niemand genau sagen, wann diese Kunst entstand und als solche anerkannt wurde. Die ersten Bonsai wurden wahrscheinlich in China gezogen, wo sie als »Pen-jing« oder »Punsai« bekannt sind. Man kann nur vermuten, warum sie für so viele Menschen in der zivilisierten Welt zu einem solch mächtigen Symbol wurden.

Die »Pflanze in einer flachen Schale« oder der »eingetopfte Zwergbaum« haben eine lange Geschichte. Sorgfältige Nachforschungen haben in jahrhundertealten schriftlichen oder mündlichen Überlieferungen Hinweise, zum Teil sogar aus der Zeit vor Christi Geburt, erbracht. So wird in einer chinesischen Legende aus der Handynastie (200 v. Chr. – 200 n. Chr.) einem gewissen Fei Jiang Feng die Fähigkeit zugeschrieben, Miniaturlandschaften aus Bäumen zu schaffen. Schriftliche Aufzeichnungen existieren ab dem 3. und 4. Jahrhundert. Es ist offensichtlich, daß zur Zeit der T'ang Dynastie (618-906 n. Chr.) bereits Bambus, Kiefern und andere Pflanzen in Töpfen gezogen wurden.

Weiterhin ist interessant, daß Topfpflanzen von jeher in nahezu jeder Hochkultur beschrieben und künstlerisch gestaltet wurden. Die enge Verbindung zwischen Natur, Gartengestaltung und menschlicher Kultur sowie der Respekt vor dieser Verbindung und ihre Erforschung scheinen ein fester Bestandteil vieler Kulturen in aller Welt (gewesen) zu sein. Dazu zählen unter anderen auch das Alte Ägypten, Griechenland, Rom, Persien und das hinduistische Indien.

Es ist verständlich, daß die Menschen durch den täglichen Umgang mit Pflanzen vieles über sie lernten. So wußten sie, daß ein erfolgreicher Transport der Pflanzen über weite Entfernungen und beschwerliche Wege bei einem Umzug nur möglich war, wenn Töpfe transportabler Größe verwendet wurden.

Sandgarten in To-ji (Kyoto). Die zahlreichen japanischen Sand- und Steingärten spiegeln die zenbuddhistische Philosophie der Schlichtheit wider. In diesen Gärten können zwei nebeneinander stehende Steine das gesamte Universum verkörpern. Dieser moderne Garten repräsentiert eine bekannte japanische Reise nach China – die Umkehrung des Weges, den die Bonsai zurückgelegt haben. Die unterschiedlichen Bereiche stellen China und Japan dar, die Steine zeigen einen Drachen, eine Schildkröte und ein Messer.

Grab von Nakht in Theben (Ägypten). Diese Grabmalerei aus der 18. Dynastie (circa 1500 v. Chr.) zeigt das tägliche Leben der Landbevölkerung und die Bedeutung der Ernte. Die Pflanzen lieferten Arzneien und Früchte, standen aber auch für Schönheit. Die alten Ägypter brachten Szenen aus ihrem Leben an den Grabwänden an, damit die Toten im Jenseits etwas Vertrautes vorfinden.

Außerdem konnte der Eigentümer hautnah miterleben, wann seine Pflanzen blühten oder Früchte trugen. Diese ständige Nähe lieferte dem Pflanzenliebhaber ausreichend Informationen, so daß er schließlich in der Lage war, die Blütezeit und sogar den Ernteertrag zu manipulieren. So konnte sich zum Beispiel eine chinesische Familie auf die Blüte ihrer Aprikosenbäume zum Neujahrsfest freuen. Diese Bäume wurden ein mächtiges, bedeutendes Symbol für das Winterende und die Vorboten eines schönen Frühlings, da sie im Frühjahr als erste Blüten ausbildeten. In vielen derzeitigen Tokioter Baumschulen stehen Aprikosenbäume bereits Ende Februar in voller Blüte.

Das Alte Ägypten hatte eine ausgeprägte Gartenbautradition. In seiner Keramik, seinen Schnitzereien und Zeichnungen – von denen einige in den über viertausend Jahre alten Tempeln nahe Theben gefunden wurden –, waren Bäume in Töpfen und Exemplare, die aus Felsspalten wuchsen, abgebildet. Aus der zeitgenössischen Kunst geht hervor, daß Bäume über große Distanzen transportiert wurden, um den architektonischen Garten von Königin Hatschepsut zu schmücken. Von Pharao Ramses III. hieß es, er habe die Entwicklung der Tempelgärten und die Verwendung von Topfpflanzen jeder Art gefördert, darunter auch Oliven, Lotus, Binsen, Lilien, Dattelpalmen und Ziergräser.

Auch die Hindus betrieben die Wissenschaft, zwergwüchsige Bäume zu ziehen. Damit hatten sie die Wirkstoffe gleich zur Hand, die in der in ganz Indien bekannten und auch heute wieder populären Heilkunst der Ayurveda-Medizin verwendet wurden.

Topfpflanzen gab es in fast jeder frühen Hochkultur; sie wurden jeweils den unterschiedlichen klimatischen Bedingungen und Lebensarten in den verschiedenen Ländern angepaßt. Zunehmende Kenntnisse über Erziehung und Pflege der Pflanzen erlangten die Gärtner, als sie sich der komplexen Beziehung zwischen Sonne, Boden, Wasser und Nährstoffen und dem Wohlbefinden ihrer Topfpflanzen bewußt wurden. Gartenplanung und -entwürfe gewannen eine immer größere Bedeutung, und Topfpflanzen wurden sowohl in architektonisch gestalteten Gärten als auch in Landschaftsgärten ein fester Bestandteil.

China, Japan und der Westen

Die wichtigste Neuerung, die aus dieser Topfpflanzentradition entstand, war vermutlich der Formschnitt. Die Bewohner westlicher Länder waren vor allem von der Möglichkeit begeistert, Pflanzen zu geometrischen Formen zu schneiden oder ihnen die Gestalt von Tieren zu geben. Diese Technik war bereits zur Zeit um Christi Geburt unter Kaiser Augustus bekannt.

Allmählich entwickelten Gärtner in England, Frankreich, Italien und den USA den Formschnitt weiter, indem sie ganze Gärten unter einen bestimmten Themenkreis stellten. Schließlich konnte man alle erdenklichen Figuren bewundern, angefangen von Elefanten und Giraffen über Drachen und Eichhörnchen, bis hin zu Schachfiguren und geometrischen Spiralen.

Obwohl Bonsai und die Tradition des Formschnitts und der Formgestaltung auf künstlichem Weg wirklichkeitsgetreue Nachbildungen schaffen wollen, sind sie dennoch völlig verschieden.

Der Formschnitt erzieht und schneidet das Laub in eine erkennbare Form und ist oft mit viel Humor, Stil und Überraschungseffekten verbunden.

Die japanische Bonsaitechnik ist andersartig. Ihre Ge-

schichte umfaßt zum Beispiel viele Kultursymbole mit ernsten Zwischentönen.

Für die Japaner repräsentiert der Bonsai eine Verschmelzung starken alten Glaubens und alter Bräuche; er ist Ausdruck der fernöstlichen Philosophie und der Harmonie zwischen Mensch und Natur. Es gibt sichere Beweise, daß die Japaner seit Jahrhunderten in ihren Häusern und bei religiösen Zeremonien Pflanzensymbole verwendeten, manchmal in Form von besonders verehrten Pflanzen.

Eine japanische Schriftrolle scheint einen Hinweis darauf zu geben, daß der Bonsai die Gewässer zwischen China und Japan bereits vor dem Jahr 1195 n. Chr. überquerte. Vermutlich brachten ihn buddhistische Mönche nach Japan, da er ihrer Philosophie der Liebe und der Verehrung für die Natur und für hohes Alter entsprach.

Kan Yashiroda, Autor und Meister des Bonsai, vertritt in seiner Dokumentation jedoch die Auffassung, daß eine Bildrolle mit dem Titel *Kasugagongen-genki* der früheste verbriefte Hinweis auf die Existenz der Zwergbäume ist. Sie wurde 1309 in der Kamakuraperiode (1180-1333) von Takakane Takashina gemalt. Aus derselben Zeit zitiert er eine Rolle, die das Leben von Honen beschreibt und eine Zahl kleiner Topfpflanzen zeigt. Manche Fachleute glauben, daß es sich bei den Schalen um Keramiken handelt, die speziell für das Ziehen dieser kleinen Bäume produziert wurden.

Yashiroda bezieht sich auch auf eine Textstelle aus dem *Tsurezure-gusa,* einem in jener Zeit von Kenko Yoshida geschriebenen Stück: »An merkwürdig gekrümmten, in Töpfe gepflanzten Bäumen Vergnügen zu finden, heißt Mißgestaltetes zu lieben.« Dieser wenig positive Kommentar und andere Hinweise haben viele Fachleute zu der Meinung veranlaßt, daß das Ziehen gewundener, zwergwüchsiger Bäume in Schalen eine anerkannte Methode in der Oberschicht während der Kamakuraperiode war. Wenn dies zutrifft und der Bonsai schon im 14. Jahrhundert eine hochentwickelte Kunstform war, dann ist es wahrscheinlich, daß sie bereits viele Jahre vor jener Zeit existierte.

Einige Bonsaiforscher erwähnen das von Seami in der Muromachi-Periode geschriebene No-Spiel *Hachi-no-ki,* auf deutsch: »Topfbaum«. Hierin gewährt ein ehemals reicher, nunmehr verarmter Mann einem Bettler Unterschlupf während eines Schneesturms. Die Nacht ist bitterkalt, und der arme Mann hat kein Brennholz, um seine Hütte zu beheizen. Er erinnert sich daran, daß draußen die letzten drei Bonsai einer einst großen Sammlung stehen, und bietet an, sie zu verbrennen, um den Bettler zu wärmen. Der Bettler, der in Wahrheit der einstige Regent des Kamakura-Shogunats ist, lehnt dieses großzügige Angebot ab. Da der arme Mann weiß, daß alleine die Erinnerung an die Pflege und Schönheit der Bonsai ihn für alle Zeiten wärmen wird, setzt er diese in Brand, um den ungeladenen Gast zu wärmen.

Der Bonsai wurde zum festen Bestandteil im Leben der japanischen Oberschicht. Die Bäume wurden zu besonderen Gelegenheiten ins Haus geholt und vorübergehend auf Simse gestellt, die speziell für diesen Zweck entworfen wurden. Nun waren die Pflanzen nicht mehr ausschließlich auf die Außen-

LINKS: Levens Hall in Cubria (England) im Jahre 1879. Der Formschnitt galt als westliches Gegenstück zum Bonsai, da beide mit Hilfe von Pflanzen natürliche Formen nachbilden; ansonsten gibt es kein gemeinsames Bindeglied. Die moderne Formschnitttradition hat ihre Wurzeln in den architektonisch gestalteten Gärten des 17. Jahrhunderts. Darin wurden Tiere, Vögel, Anker, Bären sowie geometrischen Formen wie Kugeln und Kegel dargestellt. Darüber hinaus werden auch Irrgärten und Trennwände gestaltet.

RECHTS: Liebende unter dem Moskitonetz. Dieser japanische Druck von Koyusai (1721–89) zeigt einen frei aufrechten Bonsai unmittelbar vor dem abgeschirmten Bereich. Die Edo-Periode war vom Aufstieg der Kaufleute und von der staatlichen Kontrolle über die Bürgerschaft gekennzeichnet. Diese strenge Kontrolle, die mit einer völligen Ablehnung fremder Kultureinflüsse einherging, hatte die Bewahrung traditioneller Werte und Schönheitsideale zur Folge. Der Bonsai entwickelte sich in dieser Zeit der Isolierung zu einem wichtigen kulturellen Artefakt.

dekoration beschränkt. Schnittechnik und Erziehungsschnitt, wie wir sie heute kennen, entwickelten sich jedoch erst später.

Im 17. Jahrhundert hatten die japanische Gartenkunst und Gartenplanung ihren Höhepunkt erreicht. In jener Zeit wurden alle Kunstrichtungen stark gefördert, da die Regierung mit sich und der Welt im Einklang stand.

Anfang des 18. Jahrhunderts führte Ibei Ito die staatliche Aufsicht über die Kunst des Bonsai; seine Baumschule ist auf einem zeitgenössischen Gemälde zu sehen, das in Besitz von Kan Yashiroda ist. Die dort abgebildeten Bonsai wurden laut Yashiroda in zahlreichen Stilrichtungen und aus vielen Arten gezogen, die verwendeten Töpfe scheinen jedoch etwas tiefer zu sein als die heute üblichen.

Vermutlich lag der Hauptfaktor in der Kunst des Bonsai darin, sämtliche unwichtigen Pflanzenteile zu entfernen. Nachfolgend werden Sie in diesem Buch hierüber mehr erfahren. Die »Reduzierung auf das Wesentliche« spiegelt sich auch in vielen anderen Kunstrichtungen der Epoche wider.

Heute läßt sich nicht mehr feststellen, was zuerst da war – die Einstellung zur Kunst oder der Bonsai. Entscheidend ist, daß sich der gleiche Minimalismus in den Federzeichnungen japanischer Wandschirme wiederfindet und die populärste Dichtform jener Zeit in wortarmen siebzehnsilbigen Vierzeilern, den Haiku, bestand. Nicht nur beim Bonsai, sondern in vielen anderen Bereichen, war die künstlerische Gestaltung auf ihre hervorstechendsten Merkmale reduziert.

Im Laufe der Zeit entwickelten sich beim Bonsai die verschiedensten Stilrichtungen, wobei einige realistisch, andere naturalistisch, aber alle dem Geist der verwendeten Pflanze verwandt waren. In den fünfziger Jahren des 19. Jahrhunderts öffnete Japan seine Grenzen nach mehr als 250 Jahren der Isolation, um mit dem Rest der Welt Handel zu treiben. Reisende berichteten über die japanischen Miniaturbäume in kleinen Schalen, hinter denen sich eine sehr komplexe Pflegetradition verbirgt.

Die Kunst des Bonsai umfing ein geheimnisvoller Schleier, der bis heute besteht. Auch in China entwickelte sich gleichzeitig, in nahezu völliger Isolation vom Rest der Welt, diese Kunstform. Nach dem Opiumkrieg von 1839–1842 unterstützte die Royal Horticultural Society in London eine Reise des Pflanzenjägers Robert Fortune nach China, angeblich für eine Besichtigung der Teeplantagen. Fortune beschrieb 1853 die Methoden der chinesischen Bonsaigärtner folgendermaßen: »Sie wählen bereits verkümmerte Pflanzen oder kleine Samen für die Zucht aus und verdrehen anschließend die Triebe, um den Saftfluß einzuschränken (und somit das Pflanzenwachstum zu bremsen). Die Pflanzen werden in schmale, flache Schalen mit wenig Erde gesetzt und nur so wenig gewässert, daß sie gerade überleben«. Er setzt seinen Bericht fort: »Während sich die Äste formen, werden sie heruntergebunden und auf unterschiedlichste Weise gebogen. Die Spitzen des Haupttriebs und der starkwüchsigen Triebe werden im allgemeinen gekappt. Die Entstehung junger, wuchskräftiger Triebe wird mit allen Mitteln unterbunden.

In jener Zeit ließen die japanischen Bonsaifreunde allmählich andere wichtige Kulturelemente in ihre kleinen Kompositionen einfließen, zum Beispiel Steine, kleine Gebäude, Brücken und Menschen. Möglicherweise wurden echte Landschaften in Miniaturform nachgestellt, die an schöne Zeiten und wichtige Ereignisse erinnern sollten. Zur Zeit der Isolation (und in gewissem Maße auch noch später) wurden Reisen innerhalb des Landes der populärste Volkssport in Japan. Die Mehrheit der Bevölkerung erwarb dabei Illustrationen und Drucke der größten Sehenswürdigkeiten.

Gegen Ende des 19. Jahrhunderts hatte das Interesse im Ausland an japanischen Artikeln seinen Höhepunkt erreicht, was durch die Anwesenheit Japans bei den Weltausstellungen

LINKS: In Kyuzo Muratas Garten in Omiya, einem Außenbereich Tokyos, wachsen nicht nur Bonsai. Es gibt auch Bereiche mit normal großen Pflanzen und Blumen bzw. Gräsern und Moosen.

RECHTS: Steinerne Laternenornamente in Uedas Garten in Ibaraki bei Osaka. Schmückende Formelemente werden oft als typisch westliche Merkmale betrachtet, es gibt sie aber auch in japanischen Gärten als Auflockerung oder als Blickfang.

in London (1862), Wien (1873) und Paris (1867 und 1900) verstärkt wurde. Während des nun einsetzenden, regen Handels mit Pflanzen aus Fernost kamen Besucher ins Land, die zum ersten Mal die kleinen Topfbäumchen neugierig betrachteten. Zudem begannen Sammler mit Unterstützung von Baumschulen und Geschäftsleuten mit der Suche nach natürlichen, kleinwüchsigen Exemplaren, die Zeichen der Verwitterung und des Überlebenskampfes trugen.

Die wenigen, natürlich verfügbaren Zwergbäume und die steigende Nachfrage hatten zur Folge, daß Baumschulen zur ausschließlichen Züchtung, Erziehung und zum Export gegründet wurden. Ein neuer Industriezweig entwickelte sich. Da die Gärtner Pflanzen mit kleineren Blättern, übersichtlicherem Blattwerk und Wuchseigenschaften bevorzugten, wurden neue Gehölze für Bonsai eingeführt und verbreitet.

Im Zuge der zunehmenden, gewinnbringenden Nachfrage wurden die Techniken der Bonsaiaufzucht aus Samen und Stecklingen sowie die Formgebung und das Aufpfropfen von ungewöhnlichen, empfindlichen oder problematischen Pflanzen auf robuste Wurzelstöcke weiterentwickelt. Die Techniken wurden so perfektioniert, daß heutzutage jeder Bonsai als minderwertig gilt, bei dem sich der geringste Hinweis findet, daß gedrahtet oder geschnitten wurde.

Die Japaner begannen, ihre Topfbäume gezielt zu kultivieren und in Formen zu schneiden, damit sie jenen Exemplaren glichen, die seit Jahrhunderten auf Pinselzeichnungen und Papierrollen abgebildet waren und von Bonsaifreunden geschätzt wurden.

Bonsai heute

Die Kunst des Bonsai spiegelt den Geschmack und die verschiedenen Zeitepochen wider. Sie wurde in vielen Ländern und Kulturen populär und gedieh unter den verschiedensten Bedingungen, was ebenfalls zu ihrer Vielfalt beitrug.

In Japan ist es üblich, durch Wohn- oder Geschäftsviertel zu schlendern, um Bonsai in den Fenstern von Wäschereien, Apotheken oder normalen Wohnhäusern zu betrachten. Sie stehen auf Balkon, Terrassen und Fensterbänken. Das Daimaru-Kaufhaus oberhalb des Tokioter Bahnhofs stellt seinen Dachgarten für eine jährliche Bonsaiausstellung zur Verfügung. Die Pflanzen heben sich sanft vor dem Hintergrund eines Hauses ab oder fangen im Verborgenen eines Hinterhofs die Sonne ein. Bei Betriebshauptversammlungen stehen Wemouthskiefern als Blickfang auf dem Rednerpodium. Es ist

Traditioneller *Tokonoma* im Yonan-so Hotel (Utsunomiya). Dieser *Tokonoma* weist zahlreiche andere traditionelle japanische Merkmale auf. Die beweglichen Wände (*Shoji*), die eingepaßte *Tatami*-Matte und die Kalligraphie auf der Bildrolle sind Teil des japanischen, für Bonsai typischen Minimalismus – die Begrenzung auf das Wesentliche, damit die Essenz des Objekts sichtbar wird.

Straßenbild im modernen Tokio. Japaner können, selbst auf kleinstem Raum, einen Garten anlegen oder einen Bonsai gestalten. Der japanische Garten, ein natürlicher Ort der Erholung, ist in der lauten, überfüllten Stadt das Sinnbild paradiesischer Ruhe.

nur Neujahr, wenn im *Tokonoma* – einer speziellen Nische in jedem japanischen Haus, in der Dekorationen und wertvolle Schätze ausgestellt werden – ein blühender Aprikosen- oder Pflaumenbaum steht. Bonsaisammlungen werden vom Vater an den Sohn weitergegeben, als hochgeschätztes Zeichen der gemeinsamen Erfahrung und Familientradition.

In Japan beschränkt sich Bonsai heutzutage nicht mehr auf die Oberschicht, es handelt sich vielmehr um ein bei Fabrikarbeitern und Vorständen gleichermaßen beliebtes Hobby.

Jeder bringt seinen Pflanzen Wertschätzung, Sorge, Pflege und Stolz entgegen (interessanterweise und im Gegensatz zu westlichen Ländern ist dies in Japan weitgehend eine männliche Domäne), ob es sich nun um einen Bonsai handelt, der noch erzogen werden muß oder um einen anerkannten, nationalen Schatz. Große Privatsammlungen mit ausreichenden finanziellen Mitteln engagieren Profigärtner, die sich um die Routinepflege kümmern und wichtige Entscheidungen über eventuelle Stiländerungen treffen.

Es ist verständlich, daß Japaner lieber mit den zahlreichen einheimischen Pflanzen arbeiten, die sich für die Bonsaikultur eignen. Typisch japanische Sorten sind auf der ganzen Welt, selbst in Ländern mit stark orientalischer Tradition, geschätzt und beliebt. Da das einheimische Pflanzenreich alles bietet, was man sich wünschen kann, findet man in Japan nur selten exotische Pflanzen aus anderen Klimazonen.

Die einzige Wolke am Horizont ist jedoch, daß unbesiedeltes Land rasch im Schwinden begriffen ist. Japan leidet mehr als die meisten Industrienationen unter dem Städtewachstum, so daß von der ursprünglichen Landschaft nur wenig übrigbleibt. Vielleicht ist das der Grund, weshalb Bonsai in der japanischen Kultur eine so große Rolle spielen und sie im Westen immer beliebter werden.

Dennoch hat die im Einzugsgebiet von Tokio liegende Stadt Omiya ihren Charme mit kleinen, wunderschön angelegten Gärten und Vorgärten behalten. Oft stehen Bonsai an der Eingangstür, so daß Passanten und Bewohner ihre Botschaft gleichermaßen genießen können. In Omiya gibt es ein Denkmal von Shimizu, dem Gründer der ersten Bonsaibaumschule der Stadt. Er war Bonsai-meister mit einer Baumschule in Tokio und beschloß, die Stadt mit ihren ungünstigen Bedingungen nach dem Erdbeben und Feuer von 1923 zu verlassen. In Omiya ließ er sich nieder, da er dort seine Pflanzen besser ziehen konnte, und gründete 1925 eine Baumschule. In dieser Stadt entstanden viele Bonsai, die heute in einigen der bedeutendsten Sammlungen der Welt stehen. Hier werden die Pflanzen weder abgezäunt noch auf ein Podest gestellt. Es ist auch nicht verboten, sie zu berühren. Es scheint fast so, als streckten sie die Arme aus und zögen Betrachter jeden Alters in ihre Miniaturwelt hinein. Kinder aus der Nachbarschaft setzen ihre Holzpferde und -hirsche unter die hundert Jahre alten Bäume und lassen sie dort grasen. Für ein Kleinkind kann ein Wäldchen aus Zwergbäumen zu einem Wald mit phantastischen alten Bäumen werden, selbst wenn diese Phantasie nur ein paar Stunden dauert.

Bonsai sind zwar schon lang bekannt, aber erst seit 150 Jahren steht ihre Kunst in voller Blüte und wird in jedem Winkel einer immer kleiner werdenden Welt betrieben und geschätzt.

Kapitel 2

Eine Bonsaigalerie

Wenn man etwas über das Aussehen und die Eigenschaften lernen möchte, die einen schönen Bonsai auszeichnen, sollte man möglichst viele Sammlungen und Ausstellungen besuchen. Ob sich diese Möglichkeit bietet, hängt natürlich vom Wohnort ab. In diesem Kapitel erfahren Sie einige Standorte der wichtigsten Sammlungen, die für die Öffentlichkeit zugänglich sind.

Man muß sich jedoch klarmachen, daß kein Bonsai dem anderen gleicht. Sie werden in diesem Buch völlig unterschiedliche Bäume derselben Spezies finden, obwohl sie ungefähr gleich alt sind und unter ähnlichen Bedingungen gezogen wurden, wie das auch in der Natur der Fall ist. Beim Anblick der schönsten Exemplare wird sofort klar, was ihre Schönheit ausmacht: die gelungene, möglichst ähnliche Nachbildung der natürlichen Merkmale. Um einige dieser Merkmale besser zu erkennen, sollte man Bäume ganz allgemein zu betrachten, vor allem auf dem Land oder in Waldungen, wo der Mensch nur in geringem Maße eingreift. Die Japaner glauben, daß der Baumstamm der wichtigste Teil des Baums ist, gefolgt von den Ästen und den Blättern. Betrachten Sie die Bäume in Ihrer Umgebung unter diesem Aspekt einmal genauer und vergleichen Sie sie anschließend mit den Bonsai in diesem Buch. Es ist das Ziel jedes Bonsaigärtners, das natürliche Aussehen dieser erwachsenen Bäume zu erhalten oder zu reproduzieren.

Acer buergerianium (Dreispitzahorn). Dieser frei aufrechte Bonsai war ein Geschenk Tokyos an die Stadt New York und wurde 1961 in die Brooklyn Botanic Garden Collection integriert. Das Alter dieses Baums, den die Kyuzo-Baumschule von Kyuaka-en erwarb, wird auf 114 Jahre geschätzt. Zusammen mit der hellblau glasierten Schale ist der Bonsai 94 cm lang, 76 cm breit und 94 cm hoch.

Bonsaiausstellungen

Bonsaiausstellungen finden nur in Japan regelmäßig statt, aber auch in westlichen Ländern werden sie gelegentlich organisiert. Seit 1960 gibt es bei der berühmten Chelsea Flower Show in London einen Bonsaistand. Meist stehen sie unter der Schirmherrschaft einer der großen Bonsaisammlungen. In vielen Gegenden Deutschlands gibt es zudem Bonsaifachhändler und -gesellschaften. Sie sollten die örtlichen Organisationen bitten, Ihnen Informationen über Tagungen und Ausstellungen zuzuschicken.

In China sind solche Ausstellungen selten, nur in Hongkong finden sie recht häufig statt. Erwartungsgemäß werden die meisten öffentlichen Bonsaiausstellungen in Japan veranstaltet. Der Bonsaiausstellung des Nationalen Unterhauses folgt Anfang Dezember die Nippon-Bonsai-Taikan-Ausstellung. Im Januar findet im Daimaru-Kaufhaus die Nippon-Bonsai-Sakufu-Ausstellung statt (siehe S. 16). Die Kokofu-Ausstellung wird seit 1934 jeweils im Februar im Städtischen Museum Tokyo veranstaltet, gefolgt von der Osaka-Ausstellung im April/Mai (am Veranstaltungsort der Expo 70), die vom Nippon-Bonsai-Verband organisiert wird. Im August öffnet das Mitsukoshi-Kaufhaus den zahlreichen Bonsailiebhabern des Landes seine Tore.

Die Ausstellungskataloge beinhalten Angaben zur Qualität der ausgestellten Bäume. Wenn ein Baum darin abgebildet ist, steigt in der Regel sein Wert.

Die bedeutendsten Sammlungen

Die besten Bonsaisammlungen der Welt – öffentliche und private – befinden sich in Japan. Die wichtigsten Baumschulen sind in Omiya beheimatet (siehe S. 17). Zwei hervorragende Persönlichkeiten in der japanischen Welt des Bonsai sind Kyuzo Murata und Saburo Kato. Sie sind die Besitzer der Kyuka-en-Sammlung bzw. der Mansei-en-Sammlung, die sich in Omiya befinden und der Öffentlichkeit zugänglich sind. Beide Meister sind sowohl Berater der (vermutlich schönsten im »großen Stil« angelegten) Sammlung des Kaisers von Japan als auch der Sammlung der Fürstin Chichibu. Saburo Kato ist der Sohn eines der Gründer von Omiya. Weitere wichtige Sammlungen in Japan sind die Oguchi-Sammlung in Okaya-Stadt, die Sudo-Sammlung bei Utsunomiya und die Ueda-Sammlung bei Osaka.

Zu den größten öffentlichen Sammlungen in den Vereinigten Staaten zählen: National Bonsai und Penjing Museum im National Arboretum in Washington D.C. (vermutlich die

Straßenschilder in Omiya (Japan) weisen dem Besucher den Weg in die verschiedenen öffentlichen Dauerausstellungen; sie umfassen aber nur einen Bruchteil der in Omiya befindlichen Bonsaibaumschulen. Von oben nach unten: Fujo-en, Mansei-en (Sammlung Saburo Kato), Kyuka-en (Sammlung Kyuzo Murata), Shoto-en und Seika-en. In diesem Buch finden Sie Abbildungen aus der Mansei-en- und der Kyuka-en-Sammlung.

RECHTS: *Pinus parviflora* (Mädchenkiefer). Dieser wunderschöne, 1961 aus Japan importierte Baum, steht ohne Topf direkt auf einer unregelmäßig geformten Steinplatte. Bonsai und Stein sind zusammen 122 cm lang, 91 cm breit und 81 cm hoch. Der Baum wird auf circa 69 Jahre geschätzt und begleitete den auf Seite 18 abgebildeten Dreispitzahorn nach New York.

bedeutendste Sammlung außerhalb Japans; sie enthält unter anderem 53 Bäume, die Japan dem amerikanischen Volk 1976 zum 200. Geburtstag der Unabhängigkeitserklärung schenkte); Arnold Arboretum's Larz Anderson Bonsai Collection in Jamaika Plain/ Massachusetts; Pacific Rim Bonsai Collection in Seattle/ Washington und die Sammlung des Botanischen Gartens Brooklyn in New York. In Kanada hat auch der Botanische Garten Montreal eine schöne öffentliche Sammlung aufzuweisen.

Europa ist in dieser Beziehung schlechter versorgt. Es gibt weder in Deutschland noch in Großbritannien oder Frankreich nationale Sammlungen. Die wichtigsten Bonsaisammlungen befinden sich hier in Privatbesitz. Die schönsten gehören vermutlich Paul Lesniewicz in Heidelberg, Rémy Samson in Paris und Peter Chan in Surrey.

Dieses Kapitel zeigt einige der schönsten und bedeutendsten Bonsai des Botanischen Gartens Brooklyn in New York. Diese Sammlung ist aus verschiedenen Gründen typisch. Die darin befindlichen Zwergbäume kamen auf die unterschiedlichste Weise in den Garten. Einige kamen direkt aus Japan, andere wurden von begeisterten Bonsailiebhabern, die sie selbst importiert und erzogen hatten, gestiftet; wieder andere stammen von geschickten Bonsaimeistern des Gartens. Bäume jeden Alters sind vertreten: Der derzeit älteste Baum ist die auf Seite 27 abgebildete Mädchenkiefer *(Pinus parviflora)*. Sie ist etwa 265 Jahre alt. Der älteste Baum war ein 850 Jahre alter Chinesischer Wacholder (*Juniperus chinensis* ›Sargentii‹), der im Volksmund unter dem Namen »Fudo« bekannt ist. Er wurde 1971 in die Brooklyn-Sammlung aufgenommen.

Leider starb er im darauffolgenden Jahr einen langsamen

Tod. Er ist weiterhin in der Ausstellung zu sehen. Sein graziöser, gewundener Stamm wirkt im Tod ebenso künstlerisch wie zu der Zeit, als er noch lebte.

In der Sammlung befinden sich Bäume verschiedenster Größe, angefangen von Miniaturbonsai, dem Mame-Bonsai, der kleiner als 18 cm ist, bis hin zu großen Exemplaren, die bis zu 130 cm hoch werden können. Darüber hinaus finden sich die verschiedensten Arten, zum Beispiel »typisch« japanische Pflanzen, wie Japanischer Ahorn *(Acer palmatum)*, sowie aus den USA stammende Pflanzen (von denen viele auch den klimatischen Bedingungen Europas angepaßt sind). Die Sammlung ist nur deswegen untypisch, weil sie viele Zimmerbonsai umfaßt. Seit den sechziger Jahren gelten die Forschungen des Botanische Garten Brooklyn über Zimmerbonsai als bahnbrechend. Frank Okamura, der für die Bonsai verantwortliche Gärtner, hat hier Pionierarbeit geleistet. Auch sein Nachfolger, Kazuo Fujii, unterstützte uns bei der Sammlung von Zimmerbonsai, die inzwischen über 200 Ausstellungsstücke umfaßt und damit weltweit zu den umfangreichsten Sammlungen zählt. Eine 1976 organisierte Ausstellung zeigte, wie weit die Forschung über diese Bäume fortgeschritten ist.

Bonsai im Botanischen Garten Brooklyn

Obwohl der Botanische Garten Brooklyn 1909 eingeweiht und 1914 ein von dem Landschaftsgärtner Takeo Shiota entworfener Japanischer Hügel und ein Feuchtbiotop fertiggestellt wurden, begann die eigentliche Geschichte des Bonsai dort erst 1925. In diesem Jahr erhielt der Garten von Ernest Coe, einem Baumschulenbesitzer aus Connecticut, 32 aus Japan importierte Bonsai geschenkt. Da Coe nach Florida in den Ruhestand ging, konnte er seine Freiluftpflanzen nicht in das ungeeignete warme Klima mitnehmen. 15 Jahre früher, als Bonsai aus Japan noch ein Vermögen wert waren, hätte der Wert dieser Bäume möglicherweise mehr Aufmerksamkeit erregt. Viele Bäume der Schenkung gingen nun jedoch unbeachtet ein.

Der Zweite Weltkrieg war vermutlich der Auslöser dafür, daß sich der Garten wieder für Bonsai interessierte, was auch in vielen anderen Ländern der Fall war. Die Berufung von George Avery zum Direktor im Jahre 1944 und die Tatsache, daß Frank Okamura den Japanischen Garten und die Bonsai unter seine Fittiche nahm, waren ebenfalls hilfreich, da sich beide für die kleinen Bäumchen interessierten. Gemäß der Gründungsurkunde bestand die Aufgabe des Botanischen Gartens Brooklyn darin:

»... Pflanzen, Blumen, Sträucher und Gehölze zu sammeln und zu ziehen, den Fortschritt der botanischen Wissenschaft und des botanischen Wissens zu fördern und in verwandten Gebieten Grundlagenforschung zu betreiben; Mittel für Schulungen aufzubringen ... die Menschen zu unterhalten, zu bilden und ihnen die Möglichkeit der Entspannung zu bieten...« (New Yorker Gründungsurkunde, 1897)

Aspekte der Weiterbildung gewannen im Bonsaibereich

Die Bonsai des Gartens wurden 1988 ins C.V. Starr Bonsai Museum des neuen Steinhardt Conservatory gebracht. Es gibt eine Zimmer- und eine Freiland-Abteilung. Die Freilandsorten (vor allem laubwechselnde oder immergrüne Bäume und Koniferen aus gemäßigten Breiten) brauchen in den Ruheperioden winterliche Temperaturen. Sie sind auf Gestellen und Holzbänken ausgestellt. Die Zimmer-Bonsai stammen aus den Tropen und warmen gemäßigten Regionen und können nur in entsprechenden Temperaturen überleben. Sie stehen daher in einem Gewächshaus.

des Gartens besondere Bedeutung. Amerikanische GIs, die am Ende des Zweiten Weltkriegs aus Japan zurückkehrten, brachten Bonsai mit oder wollten ihre Erfahrungen und ihre Kenntnisse über die Pflanzen und ihre Pflege nun vertiefen.

Das erste Bonsai-Handbuch wurde 1953 von Kan Yashiroda (siehe S. 13-14) herausgegeben, der sehr viel zum Verständnis des japanischen Gartenbaus in der Welt beigetragen hat.

In der Folgezeit wurden zwei weitere Handbücher und ein Lehrvideo produziert und zahlreiche Präsentationen, Seminare, Ausstellungen und Kurse zu dem Thema organisiert, die von Besuchern aus der ganzen Welt besucht wurden.

Die nachfolgenden Fotografien sind das Ergebnis jahrelanger, gewissenhafter Arbeit des Gartens an seinen Bonsai.

LINKS: *Acer buergeranium* (Dreispitzahorn). Frei aufrecht wachsender *Mame*, also Miniaturbonsai, der von Frank Okamura gestaltet wurde. Dieser Bonsai wurde 1960 dem auf Seite 34 abgebildeten Wald entnommen. Nach einer achtjährigen Erziehung wurde er 1968 in die ovale, unglasierte Schale gesetzt. Mit ihm zusammen ist der Bonsai 18 cm lang, 15 cm breit und 21,5 cm hoch (mit freundlicher Genehmigung von Naga Antiques, New York).

LINKS UND UNTEN: *Carpinus japonica* (Japanische Weißbuche). Wenn im Winter die tief eingekerbten Blätter fehlen, kann man die typische, beeindruckende Stammarchitektur sowie das fein verzweigte Astwerk erkennen. Dieser frei aufrechte Bonsai, der 1961 aus Kyozo Muratas Baumschule importiert wurde, wird auf 76 Jahre geschätzt; er steht in einer hell- und dunkelblau gesprenkelten, rechteckigen Schale.

Sequoia sempervirens (Mammutbaum). Dieser streng aufrechte, von Frank Okamura in den 60er Jahren gestaltete Mammutbaum steht seit über 25 Jahren in derselben ovalen, grün-beigen Schale. Er wird auf 93 Jahre geschätzt und ist 61 cm lang, 51 cm breit und 44,5 cm hoch.

RECHTS: *Pinus parviflora* (Mädchenkiefer). Ein frei aufrechter Bonsai, der auf ungefähr 265 Jahre geschätzt wird (der derzeit älteste Bonsai der Brooklyn Botanic Garden Collection). Er wuchs ursprünglich in den Bergen der japanischen Insel Shikoku und wurde 1964 aus der Kyaka-en-Sammlung in die USA importiert. Anfangs stand er in einer braunen, unglasierten Steingutschale, inzwischen jedoch in einem blauen, braun gesprenkelten, 18 cm hohen Gefäß. Der Bonsai ist 76 cm lang, 71 cm breit und 96,5 cm hoch.

LINKS UND OBEN: *Acer palmatum* (Fächerahorn). Dies war einer der ersten Bonsai in der Brooklyn Botanic Garden Collection und wurde 1925 von Ernest Coe (siehe S. 22) gestiftet. Der Fächerahorn steht in einem erdfarbenen, unglasierten Topf mit abgesetztem Rand. Sein Alter wird auf 96 Jahre geschätzt; er ist 91,5 cm lang, 71 cm breit und 84 cm hoch. Die Schale hat einen Durchmesser von 42 cm und eine Höhe von 14 cm.

LINKS: *Juniperus horizontalis* (Kriechwacholder). Frank Okamura gestaltete diesen frei aufrechten Bonsai in den frühen 70er Jahren im Brooklyn Botanic Garden als Vorzeigeobjekt für seine Schüler. Die ovale, unglasierte Schale mißt 20 x 10 cm und ist 3 cm hoch, der Bonsai weist 20 x 15 cm bei einer Höhe von 20 cm auf.

OBEN: *Ilex serrata* (Pflaumenblättrige Stechpalme). Diese aus 5 Bäumen bestehende Waldform ist angeblich 51 Jahre alt, obwohl sie erst 1964 von Kyuka-en in die USA gebracht wurde. Sie ist 46 cm breit, 61 cm lang und 46 cm hoch. Die glasierte, blau gesprenkelte Schale ist 7,5 cm hoch, 40,5 cm breit und 23 cm lang.

LINKS: *Rhododendron obtusum* 'Amoenum' (Stumpfblattazalee). Ihr Alter wird auf 96 Jahre geschätzt. Sie wurde dem Garten 1972 geschenkt. Im Frühjahr zeigt sie unzählige pinkfarbene Blüten. Die runde braune Schale hat einen Durchmesser von 35,5 und eine Höhe von 14,5 cm. Mit 68,5 cm Breite, 61 cm Länge und 89 cm Höhe war er einer der größten im Rockefeller Center New York 1981 ausgestellten Bonsai.

Wisteria floribunda (Glyzine). Diese Glyzine wurde 1947 von Frank Okamura vom Japanischen Garten in den Botanischen Garten Brooklyn gebracht. Nach Abschluß des Stamm- und Wurzelschnitts wurde die Pflanze 1961 in diese runde, blau glasierte Schale (Durchmesser 25,5 cm, Höhe 18 cm) gesetzt. Glyzinen in kleinen Schalen zeigen eine reiche Blüte.

OBEN: *Acer buergerianum* (Dreispitzahorn). Dieser Wald ist 73 Jahre alt und besteht aus 7 Bäumen. Er wurde 1957 aus Yuji Yoshimuras Tokyoter Baumschule importiert. (Yoshimura schrieb eines der ersten englischen Bücher über Bonsai. Er besitzt eine Sammlung im Staate New York, die man nur nach Terminabsprache besichtigen kann.) Die Bäume sind in einer antiken chinesischen Schale über einen Fels gepflanzt.

RECHTS: *Celtis sinensis* (Chinesischer Zürgelbaum). 80 Jahre alter, streng aufrechter Baum in einer ovalen, erdfarbenen Schale (4,5 cm Höhe, 46 cm Durchmesser). Er wurde 1961 aus Kyuka-en importiert und weist einen Durchmesser von 40,5 cm und eine Höhe von 73,5 cm auf.

OBEN: *Pinus parviflora* (Mädchenkiefer). Frank Okamura gestaltete diese Mädchenkiefer frei aufrecht mit einer in den frühen 60er Jahren aufgepropften Spitze. Sie blieb bis 1982 in einer Anzuchtschale und wurde von Kazuo Fujii in eine erdfarbene unglasierte Schale umgesetzt. Nach weiteren Erziehungsmaßnahmen mißt sie heute 38 cm Länge, 25,5 cm Breite und 43 cm Höhe.

RECHTS: *Pinus parviflora* (Mädchenkiefer). Diese Mädchenkiefer war ursprünglich weder ein Sämling noch Steckling, sondern eine Wildpflanze. 1964 wurde sie aus Omiya importiert. Die windgepeitschte Felspflanzung weist einen Durchmesser von 32 cm und eine Höhe von 68,5 cm auf. Sie steht in einer unglasierten, erdbraunen Schale und wird auf 94 Jahre geschätzt.

OBEN: *Chaenomeles japonica* (Japanische Zierquitte). Dieser Bonsai bildete zu erstenmal 1977 blaßgelbe Blüten aus, als sein Alter auf 63 Jahre geschätzt wurde. 1964 wurde der Mehrfachstamm in Strauchform aus Japan importiert. Er steht in einer runden, erdbraunen Schale mit abgesetztem Rand. Der Bonsai ist 61 cm lang, 46 cm hoch und 61 cm hoch.

RECHTS: *Serissa foetida* 'Variegata' (Baum der tausend Sterne). Ein 30 Jahre alter, von Frank Okamura in den 60er Jahren als Vorzeigeobjekt für seine Schüler gestalteter Bonsai. Es handelt sich um einen Mehrfachstamm in Strauchform mit kleinen weißen Blüten und zweifarbigen Blättern, der in einer rechteckigen, erdbraunen, unglasierten Schale steht. Dieser Bonsai wurde 1976 in der Zimmerbonsaiausstellung des Brooklyn Botanic Garden gezeigt.

Kapitel 3

Kauf und Auswahl von Bonsai

Die ideale Einführung in die Kunst des Bonsai besteht darin, sich einen fertigen Bonsai zu kaufen und zu lernen, wie man ihn durch Wässern und Düngen gesundhält. Obwohl das endgültige Ziel darin liegen mag, einen eigenen Bonsai zu ziehen, hat die andere Vorgehensweise mehrere Vorteile: Sie können sich mit allen Techniken der Pflege langsam vertraut machen und lernen, welche Pflanzen zu Ihrem Lebensstil und Ihren Bedingungen passen. Außerdem werden Sie nicht von einem möglichen Fehlschlag im Frühstadium entmutigt. Einen Bonsai sollten Sie erst ziehen, wenn Sie mit sämtlichen Problemen sicher fertig werden.

Vor ein paar Jahren, als die Kunst des Bonsai im Westen noch in den Kinderschuhen steckte, hätte sich dieses Kapitel vermutlich erübrigt. Jeder Bonsaikäufer war in dieser Zeit ein Bonsailiebhaber, der einiges über die Qualität der Bäume wußte. Inzwischen hat sich das Bild stark gewandelt – heute werden mehr Bonsai verkauft als je zuvor. Beim Kauf von Bonsai kommt erschwerend hinzu, daß die Qualität häufig schwankt und viele Käufer unerfahren sind.

In Städten wie London, New York und Paris sieht man Bonsai häufig in Kaufhäusern neben Gourmetpralinen und anderen Luxuswaren. Für die zahlreichen Freunde fertiger Bonsai sind daher einige Tips beim Kauf hilfreich.

Lespedeza cyrtobotrya (Buschklee).
Der Buschklee ist ein Strauch mit herrlichen violett-rosa Blüten. Oft wird er zusammen mit anderen Bonsai gepflanzt, zum Beispiel als Teil einer Waldform oder eines *Saikei*. Dieser Buschklee-Bonsai aus der Ueda Collection wurde als Mehrfachstamm gestaltet. Aufgrund seiner feinen Äste sowie seiner kleinen Blüten und Blätter eignet er sich besonders gut als Bonsai.

Die Auswahl der richtigen Pflanze

Wählen Sie beim ersten Kauf eines Bonsai eine Pflanze aus, die Ihren Fähigkeiten und Pflegebedingungen angepaßt ist.

Es ist völlig sinnlos, den teuersten Bonsai zu kaufen, nur weil Sie es sich leisten können. Sie sollten sich das Beste kaufen, wenn Sie Chippendale-Möbel oder moderne Kunst sammeln. Bonsai ist jedoch eine lebende Kunstform. Pflanzen sind nichts Statisches, sie entwickeln sich ständig fort und verändern sich. Um die Form zu erhalten, die der Künstler nach jahrelanger Arbeit geschaffen hat, sind Wissen und Geschicklichkeit notwendig. Die Pflanzen müssen richtig gewässert, gedüngt, beschnitten, umgetopft und gedrahtet werden. Werden sie falsch behandelt oder vernachlässigt, kann dies rasch dazu führen, daß ein Meisterstück ruiniert wird.

Am besten wählt man anfangs preisgünstige Exemplare aus. Welche Art Sie aussuchen, hängt natürlich von den Wachstumsbedingungen bei Ihnen ab, aber im allgemeinen hat man den meisten Erfolg, wenn man wuchsfreudige Arten auswählt. Nadelwacholder, die meisten tropischen Pflanzen, Ulmen, Scheinzypressen *(Chamaecyparis)*, Wildapfel, Feuerdorn *(Pyracantha)* und die meisten blühenden Bäume sind im allgemeinen pflegeleicht. Wenn Sie einen Schnittfehler machen oder den Blattschnitt vergessen, kann man die neuen Triebe so erziehen, daß der Fehler verdeckt wird. Bei den zahlreichen Pflegemaßnahmen kann der Anfänger seinen Bonsai ständig beobachten und sich mit ihm vertraut machen. Kiefern und Fichten sind hingegen langsam wachsende Gehölze, die keinen Fehler verzeihen. Da hier das Wachstum nur an den Triebspitzen stattfindet, bleiben Fehler, die im unteren Bereich der Pflanzen gemacht wurden, für immer sichtbar. Diese Pflanzen sollten Anfänger nach Möglichkeit meiden.

Bei der Wahl des Bonsai sollten Sie auch berücksichtigen, welche Bedingungen die Pflanze bei Ihnen vorfinden wird. Für eine Wohnung eignen sich tropische oder subtropische Arten, die das ganze Jahr über in der Wohnung bleiben können (siehe S. 120–141). Pflanzen gemäßigter Zonen, wie Kiefer, Fichte, Wacholder und der Japanische Ahorn sind hingegen ungeeignet. Bei ihnen handelt es sich zwar um klassische Bonsaipflanzen, sie brauchen jedoch eine Winterruhe von sechs Wochen bis drei Monaten. Wenn Sie den Bonsai nicht an einer geschützten Stelle im Freien, in einer Garage oder einem unbeheizten Wintergarten überwintern können, sollten Sie lieber tropische oder subtropische Pflanzen wählen. Bei der Auswahl müssen zudem auch die Lichtverhältnisse berücksichtigt werden. Wenn alle Fenster nach Norden in einen Innenhof zeigen, kann man kaum erwarten, daß ein Sonnenanbeter wie der Granatapfel gut gedeiht.

Einige Anfänger kaufen mit Begeisterung reine Freiluftpflanzen (z. B. Kiefern), gerade weil sie die Natur so kraftvoll widerspiegeln. Diese Bäume vermitteln zudem das Gefühl, man könne innerhalb von ein bis zwei Jahren Erfolg haben, da die Nadeln und Blätter immer größer werden. Leider ist dieses Wachstum nur allzu häufig schwach, ungleichmäßig und sporadisch. Es ist eine Tatsache, daß für gemäßigte Zonen geeignete Bonsai schließlich verkümmern und absterben, wenn keine Winterruhe eingehalten wird.

Bestimmung von Alter und Qualität

Nachdem die Entscheidung über die Baumart gefallen ist, muß man schließlich das beste Exemplar aussuchen. Ist ein 25 Jahre alter Baum wertvoller als ein 15 Jahre alter? Warum machen manche Händler einen Unterschied zwischen »Alter« und »Erziehungsalter«? Worin liegt der Unterschied?

Die Altersfrage kann für den Anfänger besonders verwirrend sein. Alt aussehende Exemplare sind zwar teuer, das tatsächliche Alter ist jedoch nicht so wichtig. Es läßt sich zudem nur konkret bestimmen, wenn der Züchter die Pflanze aus Samen zieht. Die Wachstumsgeschwindigkeit hängt in hohem Maße von den Kulturbedingungen sowie Faktoren

wie Wasser, Licht und Düngung ab. Es ist ebenso unmöglich, das Alter aus der Dicke des Stamms oder der Größe des Baums zu erschließen.

Eine der wenigen korrekten Methoden der Altersbestimmung, die auch in Baumschulen angewendet wird, ist die Verwendung eines Zuwachsbohrers. Hierbei wird mit Hilfe eines Hohlrohres ein dünner Kern mit den sichtbaren Jahresringen aus dem Stamm entnommen. Wissenschaftler können anhand der Anzahl der Ringe das ungefähre Alter ermitteln.

Aufgrund der Stammdicke gibt es jedoch viele Schwierigkeiten bei der Altersbestimmung. So war eine abgestorbene *Cryptomeria* in einer Fachbaumschule so langsam gewachsen, daß ihre Ringe hauchdünn waren und dicht beieinander lagen. Obwohl aufgrund der Anzahl der Ringe (einer für jedes Wachstumsjahr) festgestellt wurde, daß der Baum über 500 Jahre alt war, hatte der Baumstumpf – so unglaublich das klingen mag – nur einen Durchmesser von 7,6 cm. Andererseits gibt es in Japan die berühmte Straße der Riesen-*Cryptomeria* in den Tempeln Nikkos. Obwohl diese Bäume weniger als 400 Jahre alt sind, haben einige Baumstämme dennoch einen Durchmesser von mehr als 2 Metern.

Während das wahre Alter eines Baums nur schwierig zu bestimmen ist, gibt es beim Erziehungsalter keinerlei Probleme, da hier über jede Pflanze sorgfältige Aufzeichnungen angelegt werden müssen. Auch ohne eine solche Dokumentation kann man gutgewachsene Bonsai ausfindig machen, die schon lange erzogen werden. Ihre Stämme sind unten im allgemeinen dick und verjüngen sich nach oben hin deutlich. Die Äste sind stark verzweigt, und dickes Astwerk mündet allmählich in immer dünner werdende Äste – ähnlich wie bei erwachsenen Bäumen in der Natur.

Da es ebensoviele Stilrichtungen bei der Erziehung wie Baumarten gibt, kann man nur schwierig allgemeine Richtlinien festlegen, was nun einen schönen Bonsai ausmacht. Eine einzelne Kiefer mit zerklüfteter Rinde kann an einen imposanten Patriarchen des Waldes erinnern. Eine Gruppe mit Japanischem Ahorn spricht den Betrachter hingegen wegen ihren interessanten Oberflächenwurzeln und wohlgeformten Biegungen an – man kann das Zwitschern der Vögel in ihren Ästen an einem sonnigen Morgen förmlich hören.

Wenngleich jeder Bonsai eine andere Ausstrahlung hat, kann ein besonders schönes Exemplars durch ein oder mehrere Formelemente erstaunliche Gefühlsregungen hervorrufen. Eine rauhe Rinde, ein dicker, gewundener Stamm sowie dichtes Laubwerk stehen für große Macht und Würde. Stämme mit alt wirkenden Baumlöchern, gebleichtem, totem Holz und verbogenen Ästen suggerieren große Kraft in Zeiten der Not. Ein wohlgeformter, gebogener Stamm mit zart

LINKS: *Picea* (Fichte). Dieser besonders schöne, geneigte *Mame* oder Miniaturbonsai genoß eine mehrjährige Erziehung, bevor er 1970 in die rechteckige, grün glasierte Schale gesetzt wurde (6,3 cm Breite, 4,5 cm Länge, 2,5 cm Höhe). Da Fichten, ebenso wie Kiefern, eine kalte Winterperiode brauchen, sind sie für die Wohnung nicht besonders gut geeignet. Sie wachsen zudem langsam, was für den Anfänger entmutigend sein kann. Insbesondere in den Vereinigten Staaten sind sie jedoch als Bonsai sehr beliebt und auch dem gemäßigten Klima gut angepaßt. Dieser Bonsai ist 15 cm lang, 13 cm breit und 13 cm hoch (mit freundlicher Genehmigung von Naga Antiques, New York).

Kiefer im Garten von Ginkaku-ji in Kyoto. Kiefern sind zweifelsohne die beliebtesten Bonsai, da sie sehr vielfältig gestaltet werden können. Die Japanische Rotkiefer *(Pinus densiflora)* ist die in Japan am weitesten verbreitete Art, auch wenn die Mädchenkiefer (*Pinus parviflora*) mit ihrer violettbraunen Rinde und die Japanische Schwarzkiefer (*Pinus thunbergii*) als Bonsai häufiger zu finden sind.

Querschnitt durch den Stamm eines Strauches, der auf einer Klippe in Kanada gefunden wurde. Er ist 60-90 cm hoch und wird auf 400 Jahre geschätzt. Jedes Zuckerkristall entspricht einem durchschnittlichen Wachstum von 15 Jahre.

verflochtenen Ästen erinnert an die Schönheit von frühjahrsblühenden Bäumen, die im Schatten der Waldriesen wachsen.

Außer auf den Stil sollte man in jedem Fall auch auf die Gesundheit des Bonsai achten. Schauen Sie sich die lebenden Äste genau an: Die Blätter sollten intensiv gefärbt und fleckenlos sein.

Mancher Baum weist mehr künstlerisches totes Holz auf als lebendes und scheint gerade abzusterben – dies sollte jedoch ausschließlich eine künstlerische Illusion sein. Die lebenden Teile des Baums müssen wuchskräftig sein. Sie sollten weder Blattflecken noch braune Blätter haben (obwohl ein paar laubabwerfende Bäume, zum Beispiel Eichen oder Buchen, ihre toten, braunen Blätter normalerweise über den Winter hinweg behalten). Suchen Sie nach einer gepflegten Pflanze ohne Schädlinge. Die Wurzeln dürfen nicht aus den Entwässerungslöchern am Schalenboden herauswachsen. Lebende Äste dürfen weder Drahtnarben aufweisen noch abgebrochen sein.

Manche Fachleute kaufen Bonsai in schlechtem Zustand, weil sie hinter der Vernachlässigung Möglichkeiten sehen. Solche Pflanzen können bei ordentlicher Betreuung und geschickter neuer Formgebung wieder gesund gepflegt und in spektakuläre Bäume verwandelt werden. Dies ist jedoch dem Fachmann vorbehalten. Anfänger beginnen häufig zu früh mit der Formgebung, so daß die geschwächten Bäume dahinkümmern und sterben. Es ist viel ermutigender, mit einem gesunden Bonsai zu beginnen und diesen weiter zu verschönen.

Der richtige Kaufpreis

Der Preis eines Bonsai hängt im wesentlichen von Angebot und Nachfrage sowie der künstlerischen Qualität ab. Er hängt natürlich auch davon ab, wieviel Sie bereit sind zu zahlen und ob Sie ohne den fraglichen Baum leben können oder nicht. Beim künstlerischen Wert ist die Sache schon ein wenig verzwickter. Sie können die Richtlinien bei der Suche nach einem schönen Bonsai zwar befolgen, dennoch müssen Sie Ihr Auge im Laufe der Zeit unbedingt schulen. Es ist unverzichtbar, so viele Bonsai wie möglich anzusehen. Gehen Sie in Bonsaiparks, -baumschulen, -ausstellungen und -kurse, auf Bonsaitagungen und zu Bonsaiclubtreffen. Schauen Sie sich die spektakulären, aber auch die weniger spektakulären Exemplare an. Leider werden heutzutage viele mittelmäßige Bonsai zum Verkauf angeboten. Meist handelt es sich um junge, frisch ausgetopfte Bäume aus Baumschulen, bei denen ein paar Äste abgeschnitten und einige Drähte befestigt wurden. Sie sind zwar in Bonsaischalen gepflanzt, ansonsten weist jedoch nicht viel darauf hin, daß es sich um Zwergbäume handelt. »Einstiegsbonsai« mit niedrigen Preisen sind unter Umständen ihr Geld wert – viele seriöse Firmen bieten sehr junge Bonsai zu ausgesprochen niedrigen Preisen an, die den Fähigkeiten und dem Budget des Anfängers gut entsprechen. Von einem Kauf ist jedoch abzuraten, wenn diese Pflanzen teuer sind und das Erziehungsalter sich nicht mit dem erreichten Aussehen deckt. Sie werden vermutlich viele Bonsai dieser Kategorie entdecken. Erst wenn Sie einen wirklich schönen Bonsai finden, werden Sie verstehen, warum es solch immense Preisunterschiede gibt. Mit zunehmender Erfahrung werden Sie die Bäume besser beurteilen können und sie kritischer betrachten; auch den genannten Kriterien kommt dann eine andere Bedeutung zu.

Der Kaufzeitpunkt

Ein Anfänger mit einer Wohnung sollte die Pflanzen zu Frühjahrsbeginn kaufen, da so genug Zeit bleibt, um die Routinemaßnahmen zu erlernen. Bei einem Kauf im Herbst steht den Pflanzen die gesamte Heizperiode bevor: Viele Exemplare trocknen in dieser Zeit aus oder fallen Schädlingen zum Opfer. In Extremfällen sterben sie sogar ab.

Mehr Spielraum besteht hingegen bei Freiluftpflanzen. Vor Ort kann man die Pflanzen das ganze Jahr über kaufen. Man sollte jedoch berücksichtigen, daß die neuen Blätter vieler Bäume zu Frühjahrsbeginn zart und zerbrechlich sind, solange sie sich noch nicht völlig entfaltet haben und ausgewachsen sind. Aus diesem Grund darf man solche Bonsai nur sehr vorsichtig verstellen. Ähnlich empfindlich sind blühende Pflanzen.

Achten Sie darauf, daß die Pflanzen vor dem Transport gut gewässert sind. Stellen Sie das Auto nicht in der prallen Sonne ab, die Belüftung darf keine kalte oder heiße Luft direkt auf die neue Pflanze blasen. Der Bonsai sollte zu jeder Jahreszeit so verpackt werden, daß er auf dem Heimweg weder verrutschen noch umkippen kann.

Ein Postversand sollte nur in den kühleren Monaten, das heißt in der Ruhezeit der Pflanzen, erfolgen, damit sie nicht längere Zeit während des Transports in der Hitze stehen. In den meisten Gebieten sind Lieferungen zwischen Spätherbst und spätem Frühjahr am sichersten. Pflanzen, die innerhalb von 24 Stunden angeliefert werden, kommen meist in gutem Zustand an, da sie nicht mehrere Tage in einer warmen, dunklen Kiste reisen mußten. Schwierigkeiten bereitet natürlich die Lieferung eines großen Fichtenwaldes auf einer Steinplatte. Solch große Bonsai sollten Sie selber transportieren oder den Versandweg mit der Baumschule vereinbaren.

In einer unbekannten Baumschule sollten Sie eine oder höchstens zwei Pflanzen kaufen. Wenn die Exemplare den Transport unbeschadet, in gutem Zustand überstanden haben und zum vereinbarten Zeitpunkt geliefert wurden, können künftige Bestellungen auch größer ausfallen. Setzen Sie sich bei auftretenden Problemen umgehend mit der Baumschule in Verbindung, damit die Pflanze ersetzt oder der Kaufpreis zurückerstattet werden können. Unternehmen Sie keine zeitaufwendigen Versuche, um eine beschädigte Pflanze wieder aufzupäppeln. Reklamieren Sie rechtzeitig, da Sie andernfalls den Händler nur schwierig davon überzeugen können, daß eine Pflanze an den Transportschäden einer Lieferung eingegangen ist, die vor 6 Monaten erfolgt ist.

Import von Bonsai

Natürlich werden einige Bonsaifreunde mit dem Sammeln von Pflanzen beginnen. Bald werden Sie die Kataloge aller Baumschulen kennen und schließlich eine Pflanze entdecken, die im Inland nicht zu erhalten ist. An diesem Punkt werden viele Bonsailiebhaber versuchen, einen Baum zu importieren.

Für diesen Fall müssen Sie sich an das zuständige Pflanzenschutzamt oder an den Pflanzenschutzdienst des jeweiligen Bundeslandes wenden. In der Regel ist das Regierungspräsidium zuständig. Dort erhalten Sie ein Formular, mit dem sie Pflanzenpässe für Importpflanzen beantragen können. Auf diesem Formular muß genau angegeben werden, um welche Pflanzengattung oder -sorte es sich handelt, und woher die Pflanzen stammen.

Zelkova serrata (Zelkove). Dieser 96,5 cm hohe, streng aufrechte, 80 Jahre alte Bonsai gehörte einst dem ehemaligen japanischen Premierminister Shigeru Yoshida und ist heute Bestandteil der Kyuka-en Sammlung. Da Zelkoven »Sonnenanbeter« sind, sollten sie nicht im Schatten stehen. Damit Licht bis ins Bauminnere gelangt, sollten die Astspitzen beschnitten werden.

Kapitel 4

Pflege und Erhaltung von Bonsai

Viele Anfänger schreckt die Vorstellung ab, eine Sammlung zu pflegen und zu erhalten. Schließlich ähnelt kein Baum dem anderen – selbst Bäume derselben Familie können sich grundlegend voneinander unterscheiden – und unter Umständen braucht jeder Baum eine andere Pflege. Die Versorgung von Bonsai ist jedoch ein logischer Prozeß, der nur einen gesunden Menschenverstand erfordert.

Angenommen der Grundstock Ihrer Sammlung bestünde aus Ahorn, Zierkirsche und Kiefer. Sie werden bald feststellen, daß die Pflanzen nicht die gleiche Licht-, Nährstoff- und Wassermenge brauchen, Sie aber dennoch jeder Pflanze gerecht werden müssen. Die Unterschiede zwischen den einzelnen Bäumen findet man jedoch sehr einfach heraus. Da nun zwischen zahlreichen Pflanzenfamilien viele Übereinstimmungen bestehen, können Sie die verschiedensten Arten versorgen, selbst wenn Sie die Grundkenntnisse an einer bestimmten Art erworben haben.

Man lernt stets neue unterschiedliche und ähnliche Merkmale hinzu. Die Mühe lohnt sich in jedem Fall, da man durch die Beschäftigung mit Bonsai auch allgemein ein besserer und sensiblerer Gärtner wird.

Juniperus rigida (Igelwacholder).
Dieser 230 Jahre alte Wacholder ist ein großartiges Beispiel für einen Shari. Viele Jahre galt die heutige Rückseite als Vorderseite, wo sich Shari und Stammbasis kreuzen. Erst in den letzten 5 Jahren, seit der Baum in der Oguchi-Sammlung steht, wurde er umgedreht. Heute weist die stärker reliefartige Stammseite nach vorne.

Standort

Es hat wenig Sinn, allzu spezifische Standortangaben zu machen, da die gebotenen Bedingungen eines Bonsaigärtners und die geforderten Bedingungen eines Pflanzentyps auf dramatische Weise variieren können. Eine Aussage ist zudem nur möglich, wenn man gleichzeitig die Licht- und Luftverhältnisse berücksichtigt. Sie hängen so stark voneinander ab, daß der gegenseitige Einfluß nahezu unberechenbar ist.

Der Feuchtigkeitsgehalt des Bodens, der Äste und Blätter kann direkt auf die einwirkende Sonneneinstrahlung und die Tageszeit zurückgeführt werden. Jeder Bonsai ist von seinem Standort abhängig, der nicht isoliert betrachtet werden darf, sondern als Summe vieler Einzelfaktoren, wie Licht, Temperatur, Feuchtigkeit und Luftzirkulation und deren Auswirkungen anzusehen ist.

Erwähnenswert ist noch, daß einzelne Bonsai im allgemeinen so viel Licht brauchen, wie die jeweilige Art während ihrer Wachstumsperiode. In der Ruhezeit jedoch brauchen Pflanzen, die bei niedrigen Temperaturen (allerdings über dem Gefrierpunkt) gehalten werden, weniger Licht.

Licht

Da Licht einer der wichtigsten Wachstumsfaktoren ist, stellt man den Bonsai am besten täglich für eine bestimmte Zeit (je nach Art) auf ein Regal oder ein Podest. Es besteht jedoch ein großer Unterschied zwischen direkter Sonneneinstrahlung und Licht. Starke, direkte Sonneneinstrahlung beinhaltet unter anderem auch UV-Strahlung, die das Wachstum aller Pflanzen beeinträchtigt.

An einem höhergelegenen Standort sind die Pflanzen vor kriechenden Insekten und Ungeziefer geschützt und kommen besser zur Geltung, gleichzeitig wird die Luftzirkulation gefördert. Eine direkte Sonneneinstrahlung ist zwar für das Wachstum und die Ernährung der Pflanze notwendig, paradoxerweise kann damit aber auch auf natürliche Art einem exzessivem Wachstum von Bonsai vorgebeugt werden. Eine unzureichende Sonneneinstrahlung fördert das unerwünschte Wachstum von kraftlosem Laub, das die Pflanze schwächt, falls nicht korrigierend eingegriffen wird. Es bilden sich unnatürlich lange Triebe aus, die verbrennen, wenn man sie plötzlich der prallen Sonne aussetzt.

Im Frühling und Herbst kann man die Pflanzen länger der Sonne aussetzen, da sie zu diesen Zeiten weniger Kraft hat als im Sommer. Insbesondere laubwechselnde Bäume sollten im Sommer um die Mittagszeit und am frühen Nachmittag vor der Sonne geschützt werden, um das Austrocknen von Erde und Pflanze zu verhindern. In dunklen Schalen kann es zudem zu einem Hitzestau kommen, der zu Schäden an den Wurzeln und sogar zum Absterben führen kann. Wenngleich einige Pflanzen – wie Kiefer sowie einige Zier- und Obstbäume (z. B. Granatapfel) – mehr Sonne und Trockenheit tolerieren als andere, überstehen auch sie keine extremen Bedingungen. Azaleen und Rhododendren tun dies in noch geringerem Maße.

Auch der Wind spielt im Leben einer Pflanze eine wichtige Rolle. Eine leichte Brise hält Ungeziefer, Krankheiten, Ruß und Staub fern.

Alle Faktoren tragen gemeinsam zu einem gesunden Wachstum der Pflanzen bei, wenn man von einigen Ausnahmen einmal absieht. Die Bedürfnisse einer Pflanze hängen von ihrem natürlichen Standort ab. Wenn diese Bedingungen

Privater Vorgarten in Omiya.
In diesem idealen Bonsaigarten dient der Kies als Mulchschicht, während die hohen Bäume und mittelhohen Sträucher als Lichtfilter fungieren sowie als Wind- und Sonnenschutz für die niedriger wachsenden Sorten eingesetzt sind.

nicht verfügbar sind, muß man sie so naturgetreu wie möglich nachahmen.

Man kann Schatten erzeugen, indem man ein lichtdurchlässiges Tuch als Sonnenschutz über solchen Pflanzen befestigt, die nur wenig Sonne vertragen. Eine erhöhte Lichtreflexion erreicht man für »Sonnenanbeter«, wenn man Karton oder stabile Plastikblenden mit Alufolie beklebt. Mit einem schrägen, von zwei senkrechten Holzstäben gehaltenen Sonnenschutz kann man den Bonsai im Sommer vor der intensiven Nachmittagssonne schützen. Sobald kein Schutz mehr erforderlich ist, kann man ihn wieder problemlos entfernen. Im Sommer ist die Morgensonne wesentlich milder, nachmittags kann die Sonneneinstrahlung extrem sein.

Wenn man die Bonsai zum Schutz unter ein Haus- oder Garagenvordach stellt, sollte man darauf achten, daß die Pflanze noch leicht beregnet wird und im Schatten steht.

Bei sich plötzlich ändernden Lichtverhältnissen verändern sich auch die Intensität und Richtung des Pflanzenwachstums. Bei geringem Lichteinfall verlängern sich die Pflanzenzellen und die Blattabstände. Steht der Baum im Schatten, »recken« sich die Äste der Sonne entgegen. So finden sich lange, dünne Triebe bei Pflanzen, die unter Vordächern versteckt sind. In besonderen Fällen ist dieser Effekt erwünscht, jedoch ohne den Baum zu schwächen. Wenn Sie mit Hilfe einer künstlichen Lichtquelle ein bestimmtes Wachstumsmuster erzielen möchten, sollten Sie dies auf eine kurze Zeit beschränken und die Pflanzen in dieser Zeit genau überwachen.

Da das Licht einen starken Einfluß hat, müssen die Pflanzen jede Woche um 90 Grad gedreht werden, um ein einseitiges Wachstum zu verhindern.

Neben der optimalen Lichtmenge muß auch über die optimale Wassermenge entschieden werden. Mit steigender Sonneneinstrahlung wächst der Wasserbedarf. Wenn Sie den ganzen Tag außer Haus arbeiten, sind Ihre Bewässerungsmöglichkeiten unter Umständen eingeschränkt. Hier empfehlen sich ein automatisches Bewässerungssystem mit Zeitschaltuhr oder eine Berieselungsanlage, die in den meisten guten Baumschulen erhältlich sind. Gute natürliche Bedingungen und regelmäßiges Wässern sind jedoch durch nichts zu ersetzen.

Häufig wird der Fehler gemacht, die Pflanzen zu häufig und zu abrupt sich ändernden Bedingungen auszusetzen. Auch, wenn man Bonsai problemlos verstellen kann, sollte man man dies noch lange nicht tun. Die Pflanzen müssen sich erst langsam an Veränderungen gewöhnen. Plötzliche, unerwünschte Wechsel können zahlreiche Probleme verursachen: Abwurf von Blüten, Blättern, Knospen oder Früchten, Verbrennen der Blätter, Welken oder Absterben der Pflanze.

Erde

Die Erde liefert den Großteil der nötigen Feuchtigkeit für das Wachstum sowie die Nährstoffe für die Ernährung der Pflanze; gleichzeitig dient sie der Verankerung der Pflanze.

Die Erde sollte ausreichend Feuchtigkeit speichern, das Abfließen überschüssigen Wassers ermöglichen und genügend Nährstoffe aufweisen. Sie sollte außerdem frei von Krankheitskeimen sowie Eiern und Larven schädlicher Insekten sein; auf den passenden pH-Wert ist zu achten.

Die Erde muß den Bedürfnissen der Pflanze angepaßt sein und die erforderlichen Substanzen enthalten: Grobe Erde kann das Wachstum fördern und die Gesundung einer kranken Pflanze erleichtern, feine Erde bremst hingegen das Wachstum. Laubwechselnde Bäume und großblättrige, immergrüne Pflanzen benötigen einen nährstoffreichen Boden mit wenig Sand, während Koniferen einen mageren Boden mit hohem Sandanteil vorziehen.

Da die Bonsaigärtner von jeher ihre Erde nach bewährten »Rezepten« selbst mischen, gibt es es fast so viele Rezepturen wie Bonsaifreunde. Darunter läßt sich für jede Pflanze die geeignete Mischung finden, wenn man gleichzeitig den natürlichen Boden berücksichtigt, in dem die Pflanze wächst.

Heutzutage sind in Bonsaibaumschulen fertige Erdmischungen erhältlich. Sie bestehen meist aus Ton, Humus oder humushaltigem Lehm und scharfem Sand, denen wenig Nährstoffe beigefügt sind. Mischungen mit guten Abfließeigenschaften enthalten mehr Sand, nährstoffreiche Mischungen weisen einen höhren Humusanteil auf.

Es ist zwar möglich, Erde selbst herzustellen, dies kann aber viel Zeit in Anspruch nehmen. Hierzu brauchen Sie: Ton, sterilisierten Lehm oder Humus (bei sterilisiertem Humus kann man das Auftreten von Käfern, Krankheiten oder Unkraut ausschließen), Mist, gut verrotteten Kompost und grobkörnigen Sand oder feinen Kies.

Die Rezeptur der Erde ähnelt einem Kochrezept. Viele Gärtner halten sie geheim, der Großteil gibt sie auch anderen preis. Nachfolgend finden Sie die Erdmischung, die von japanischen Gärtnern verwendet wird. Nehmen Sie für Koniferen, die sich noch im Entwicklungsstadium befinden: 5 Teile Ton, 3 Teile Lehm und 2 Teile Sand. Verwenden Sie bei ausgewachsenen Bäumen, die ihre endgültige Form erreicht haben: 6 Teile Ton, 3 Teile Sand und 1 Teil Lehm.

Wachsende, laubwechselnde Bäume sowie großblättrige, immergrüne Pflanzen bevorzugen: 7 Teile Lehm, 3 Teile Ton und 1 Teil Komposterde.

Ausgewachsene Pflanzen gedeihen am besten in Mischungen aus 2 Teilen Lehm, 1 Teil Ton und 1 Teil Sand.

Ulmen, Zelkoven und Ahornbäume ziehen 7 Teile Ton, 3 Teile Lehm und 1 Teil Komposterde vor, während Bambus und Weiden bei 3 Teilen Lehm, 1 Teil Ton und 1 Teil Komposterde am besten gedeihen. Bei Zier- und Obstbäumen verwenden die Japaner 8 Teile Lehm, 2 Teile Ton und 1 Teil Komposterde, während sie für Rhododendren und Azaleen 7 Teile Ton mit 3 Teilen zerhacktem Torfmoos mischen.

Keines dieser Rezepte ist jedoch unantastbar. Bleiben Sie bei einer Mischung, die sich bewährt hat. In einigen Regionen müssen Sie unter Umständen mehr Drainagematerial untermischen, in anderen Gegenden sind vielleicht mehr wasserbindende Stoffe notwendig. Ein gutes Grundrezept ist die Mischung von 2 Teilen Lehm, 2 Teilen grobkörnigem Sand oder feinem Kies und 1 Teil Komposterde oder Torfmoos. Je nach Standort und den verwendeten Arten kann man die Mischung außerdem auf den jeweiligen Baum zuschneiden.

Im allgemeinen vertragen die meisten Pflanzen weder sehr feine Erde noch sehr schweren Ton, da diese einige Probleme verursachen können. Mischen Sie nur gut verrotteten und sauberen Kompost unter die Erde. Auch Torfmoos muß sauber sein, organische Grobteile müssen zuvor ausgesiebt werden.

Ton

Ton gilt als beliebter Untergrund für Bonsai. Er muß erst getrocknet und zerkleinert werden, anschließend werden die unterschiedlichen Korngrößen herausgesiebt. Die Körner stellen kleine Zwischenräume in der Erde dar, die für die Belüftung des Bodens sorgen. Bei Feuchtigkeit oder Trockenheit sind sie abwechselnd mit Wasser oder mit Luft gefüllt und ermöglichen den Pflanzenwurzeln, durch diesen kontinierlichen Austausch von Wasser und Luft zu »atmen«. Der Ton liefert dem Bonsai drei Grundstoffe: Wasser, Mineralien und Sauerstoff. Ton macht es möglich, daß manche Bonsai selbst in der Sonne nur einmal täglich gewässert werden müssen.

Holzkohlegranulate im Boden haben fast den gleichen Belüftungseffekt wie Tonstückchen.

Lehm

Im Gegensatz zu den nährstoffarmen tonhaltigen Erden werden die schweren lehmhaltigen Erden vor allem verwendet, um den Bonsai mit Nährstoffen zu versorgen. Hierzu läßt sich jeder sterilisierte Gartenlehm oder vorgefertigter Faserlehm verwenden. Man sollte ihn so lange zwischen den Händen reiben, bis er zerkrümelt.

Humus

Torfmoos, Torfhumus, Komposterde oder gehacktes Torfmoos helfen, die Feuchtigkeit zu speichern. Durch das Beifügen von Humus kann der Säuregehalt des Bodens an die Bedürfnisse mancher Pflanzen angepaßt werden. Verwendetes Torfmoos sollte immer feucht und sauber sein.

Acer palmatum (Fächerahorn). Der Fächerahorn ist ein klassischer Bonsai, bei dem man aus über 250 Sorten auswählen kann. Sie tragen alle leuchtendes Herbstlaub von blaßgelb über orange und rot bis hin zu violett. Dieses Exemplar hat auch im Frühjahr schön gefärbtes Laub. Die Aufnahme entstand im Mai in Japan.

Muttererde

In sterilisierter Muttererde müssen die fehlenden natürlichen Inhaltstoffe in Form von Humus, das heißt von getrockneter, gesiebter Komposterde oder Kompost, ersetzt werden. Im allgemeinen genügen sehr geringe Mengen, da Humus das Wachstum von Zwergpflanzen kräftig anregt.

Bei Pflanzen mit hohem Nährstoffbedarf wie Weiden sowie Zier- und Obstbäumen empfiehlt es sich, bis zu 25 Prozent Humus unter die Erde zu mischen.

Sand

Für immergrüne Pflanzen sollten etwa 30 Prozent und für Blumenpflanzen bzw. großblättrige Bäume 10-15 Prozent der Erdmischung aus Sand bestehen. Ein sandiger Boden ist luftdurchlässig. Gleichzeitig wird das Wasser in den Hohlräumen wie ein Schwamm aufgenommen. In einem durchnäßten Boden wird die Luft aus den Hohlräumen herausgedrückt; sobald das Wasser abfließt, füllen sie sich erneut mit frischer Luft. Diesen ständigen Kreislauf braucht der Bonsai für sein Wachstum; Sand ist Grundlage dieses Prozesses.

Körnige Erde speichert auch Wasser und bewahrt die Wurzelhaare vor dem Austrocknen, selbst wenn die Hohlräume im Boden völlig trocken sind.

Grob geformte Sandkörner sind besser als rundgeschliffene. Die grobe und verwinkelte Oberfläche erlaubt es den verzweigten Wurzelfasern, zu atmen und sich im Erdreich vorzuarbeiten. Wurzeln haben die natürliche Neigung, nach außen zu wachsen; wenn Sie eine Außenwand erreicht haben, wachsen sie kreisförmig an ihr entlang. Dies schwächt schließlich das Wurzelsystem; da der Topf zu eng wird, fangen die Wurzeln an, sich zu krümmen. Grober Sand bewirkt, daß die Wurzeln ihre Richtung ändern, sich verzweigen und die Erde im Topf besser ausnutzen. Ohne ein weitverzweigtes Wurzelsystem bilden sich weder ein gutes Ast- noch ein dichtes Blattwerk, denn beide Systeme unterstützen und fördern sich gegenseitig.

Vorsicht: Verwenden Sie niemals Sand vom Strand oder aus dem Aquarium, da beide zu fein und regelmäßig gekörnt sind. Meeressand ist zudem noch salzig, was den Tod der Wurzeln bedeuten würde. Wenn Sie Sand bei einem Bauunternehmer kaufen, überprüfen Sie zunächst, ob er nicht Salz oder starke Chemikalien enthält.

Das Sieben der Erde

Viele japanische Gärtner verwenden unterschiedlich große, übereinander gesteckte Siebe, um verschiedene Körnungen zu erreichen. Man braucht dazu Siebe mit den Maschenweiten 1 cm, 6 mm und 1 mm. Legen Sie eine Schaufelvoll Erde auf das oberste Sieb, rütteln Sie den Siebstapel anschließend hin und her, bis die Erde durch alle Siebe gefallen ist. Bewahren Sie die verschiedenen Körnungen in getrennten, mit Deckeln versehenen Behältern an einem trockenen Ort auf.

Werfen Sie die feinste Erde auf den Komposthaufen, da sie die Wurzelporen verstopfen würde. Die gröberen Erdbestandteile können Sie als Drainageschicht am Boden der Bonsaischale verwenden. Tonbrocken sollten in einem flachen Behälter zerkleinert werden. Füllen Sie die mittlere Körnung (zwischen 1 cm und 6 mm) als Pflanzerde in den Bonsaitopf, schütten Sie anschließend die Erde zwischen 5,9 und 1 mm darüber.

Ersatzböden

Fertigerde aus Garten- und Haushaltsgeschäften oder Supermärkten ist für den Anfänger ideal, da sie mit Sicherheit steril ist. Selbst überzeugte Fachleute werden unter Umständen auf diese Erde zurückgreifen, wenn sie nicht genügend Platz oder Zeit haben, um die Erde komplett selbst zu mischen.

Auch diese Produkte sollten vor ihrer Verwendung getrocknet und gesiebt werden. Da sie nur selten Ton enthalten, sollte eine angemessene Menge Sand beigefügt werden. Die im Handel erhältlichen Mischungen enthalten im allgemeinen zuwenig Komposterde; aus diesem Grund sollte man die Nährstoffe einmal pro Monat in Form von Flüssigdünger zuführen.

Mulch

Eichenlauberde ist als Mulch bestens geeignet. Selbstgemachter Mulch oder Kompost sollte mit kochendem Wasser sterilisiert werden, damit eventuell vorhandene Insekten oder Pilze abgetötet werden. Grobe Partikel müssen ausgesiebt werden.

Temperatur

Bonsai sind zwar Zwergpflanzen, aber ebenso wie Bäume oder Sträucher dennoch Pflanzen. Die meisten Bonsai stehen deshalb im Freien und werden nur zu besonderen Gelegenheiten ins Haus geholt.

Für einen Freilandbonsai ist die ungewohnte Wärme eines Innenraumes problematisch. Selbst innerhalb eines Hauses können die Temperaturen und die Belüftung in verschiedenen Zimmern und zu den verschiedenen Jahreszeiten stark schwanken.

Soll der Bonsai gesund bleiben, so darf er höchstens ein paar Stunden im Innenraum stehen; in einem kalten oder kühlen Raum kann er unter Umständen 24 Stunden verbleiben. Es empfiehlt sich, die Verweildauer möglichst kurz zu halten, vor allem im Winter.

Ein kurzer Innenaufenthalt im Frühling ist vor oder nach dem Erstarken der jungen Triebe oder im Herbst davor möglich. Auch im Sommer gilt die 24-Stunden-Regel. Die Versuchung ist natürlich groß, einen oder zwei Bonsai ins Haus zu stellen, wenn man Lust danach verspürt oder Gäste erwartet. Den Pflanzen tut dies aber keinesfalls gut.

Glücklicherweise haben die meisten Bonsaianhänger mehrere Bäume, so daß sie abwechselnd einen oder zwei ins Haus

Carpinus japonica (Japanische Weißbuche). Dieser Wald mit 7 Bäumen wurde 1972 aus damals 3 bzw. 7 Jahre alten Sämlingen geschaffen. Ohne das Blattwerk sieht man deutlich die robusten Stämme, die sich mit wachsendem Alter abschuppen, und die zarte Verästelung. Die Knospen werden in Kürze aufbrechen und die deutlich gezahnten Blätter sich entfalten. Die Japanischen Weißbuchen tragen im Frühling hübsche, lange Kätzchen.

stellen können, oder sie haben eine Zimmerbonsaisammlung (siehe Kapitel 7). Die unerwünschte Standortveränderung beschränkt sich somit für jeden Freilandbaum auf ein- oder zweimal, womit ein gesunder Bonsai durchaus zurechtkommt.

Man kann den Baum im Freien – je nach seinen Bedürfnissen – in die Sonne oder den Halbschatten stellen. Ein Standort in einer geschützten Ecke bietet Schutz vor starkem Wind. Um Schädlinge und Insekten fernzuhalten, soll der Bonsai weit über dem Boden auf einem Regal oder Brett stehen. Die Luft muß außerdem frei zirkulieren können – keinesfalls darf die Pflanze in die Nähe einer wärmeabstrahlenden Wand gestellt werden.

Für die Entwicklung des Miniaturbaumes sind zwar natürliche Wetterbedingungen erforderlich, extreme Bedingungen können jedoch fatal sein. Wenn die Temperaturen überdurchschnittlich ansteigen oder während einer Hitzewelle sollten Sie die Bäume an einen kühleren Ort stellen. Unter Umständen brauchen die Bonsai auch mehr Wasser; dies senkt ihre Temperatur und bewahrt den Boden vor dem Austrocknen.

Damit Stürme keine Verwüstungen anrichten und Töpfe oder Bäume umkippen, sollten Sie Ihren Bonsai bei starkem, böigem Wind und starkem Regen zusätzlichen Schutz angedeihen lassen.

Gießen von Bonsai

Ohne Wasser und die damit verbundene Feuchtigkeit würde es keine Bonsai geben. Wasser liefert dem Baum Feuchtigkeit und Nährstoffe. Es reinigt die Blätter und hält Boden sowie Wurzeln feucht; darüber hinaus reguliert es die Luftfeuchtigkeit der Umgebung, die Bonsai mehr als andere Pflanzen benötigen.

Vor allem nach dem Ein- oder Umtopfen trägt Wasser dazu bei, daß sich Erde und Wurzeln im Topf setzen können. Regen und Tau kommen eine große Bedeutung zu, da sie neben der wenigen verfügbaren Erde die einzige Feuchtigkeitsquelle sind, die der Baum anzapfen kann.

Vorsichtiges Gießen ist dennoch erforderlich, da die Pflanzen bei Staunässe übermäßig lange, dünne Triebe ausbilden und krankheitsanfällig werden. Planen Sie daher sorgfältig, wie oft Sie Ihren Bonsai täglich gießen und welchen Zeitplan Sie für die jeweilige Jahreszeit vorsehen.

Gießen ist nur notwendig, wenn der Boden ausreichend trocken ist und die Blätter welk aussehen. Nach dem Wurzelschnitt beispielsweise steht die Pflanze in wenig durchwurzelter Erde. Da noch keine Wurzeln vorhanden sind, die der Erde Feuchtigkeit entziehen, trocknet diese nur langsam aus. In dieser Zeit muß sehr vorsichtig gegossen werden. Frisch geschnittene Wurzeln haben einen Schock erlitten und können weniger Flüssigkeit aufnehmen. Man muß der Pflanze also weniger Wasser geben, damit sie nicht welkt. Wenn die Erde von dem neuen Wurzelwerk allmählich durchdrungen wird, steigt gleichzeitig der Feuchtigkeitsbedarf des Baums, um schließlich den Normalstand zu erreichen.

Es gibt Bonsaifreunde, die ihre Bäume mit destilliertem Wasser gießen. Andere gehen sogar noch weiter und halten Goldfische im Gießwasser, die dann geringe Mengen Düngemittel liefern; wieder andere verwenden ausschließlich Regenwasser, da Leitungswasser oft Chlor oder andere Chemikalien enthält (siehe auch S. 116). Sie müssen selbst entscheiden, was für Ihre Sammlung am besten ist.

Man sollte die Bonsai vorsichtig und gleichmäßig von oben gießen, so daß Erde, Moos und Bodenbedeckungen fest im Boden verankert bleiben und nicht weggespült werden. Inzwischen sind auch im Westen die traditionellen japanischen Bonsaigießkannen aus Kupfer weithin erhältlich. Sie haben sehr lange Hälse, so daß Sie alle Pflanzen der Sammlung problemlos erreichen können; zudem entsteht darin ein ausreichend hoher Druck, der den Wasseraustritt aus den sehr feinen Öffnungen ermöglicht. Anfangs genügt der Aufsatz einer sehr feinen Brause auf der Gießkanne oder dem Gartenschlauch.

Eine völlig ausgetrocknete Erdoberfläche nimmt möglicherweise das Wasser nicht richtig auf; die Tropfen laufen ab, ohne ins Erdreich einzudringen. Tauchen Sie stattdessen den Baum mitsamt Topf in eine flache Schale mit wenig lauwarmem Wasser; es sollte den Rand des Bonsaitopfes nicht erreichen. Die Pflanze ist ausreichend gewässert, sobald sich die Erde dunkel färbt. Lassen Sie das Wasser erst vollständig abfließen, bevor sie die Pflanze gründlich von oben gießen: Beginnen Sie am Stamm, besprühen Sie schließlich die restliche Erde, den Stamm, die Äste und die Blätter von oben.

An Regentagen sowie nach dem Ein- und Umtopfen zu Frühjahrsbeginn müssen die Bonsai möglicherweise nur ein- oder zweimal pro Woche gegossen werden. Während einer Hitzeperiode im Sommer kann dies unter Umständen ein- bis viermal täglich erforderlich sein. Wässern Sie alle Bäume nach einem ersten Durchgang ein zweites Mal solange, bis das Wasser aus den Abzugslöchern läuft. Während der Wachstums-

Richtiges Gießen

A. Tauchen Sie die Schale in Wasser, wenn die Erdoberfläche sehr trocken ist. Das Wasser kann so durch die Abzugslöcher in den Wurzelballen gelangen. Gießen Sie danach von oben. Meiden Sie pralle Sonne, da dann die Blätter verbrennen und die Erdoberfläche wieder austrocknet, bevor das Wasser eingedrungen ist.

B. Wenn Bonsai sterben, ist sehr häufig Wassermangel dafür verantwortlich. Verwenden Sie eine Gießkanne mit feinem Brauseaufsatz, um die Pflanzen von oben mit einem sanften Wasserstrahl zu gießen. Wiederholen Sie dies zwei- bis dreimal, damit das Wasser bis zum Wurzelballen vordringen kann. Überschüssiges Wasser fließt durch die Abzugslöcher am Schalenboden ab.

periode zwischen Frühjahr und Frühsommer sollte man sparsamer gießen, um ein übermäßiges Wachsen der Pflanzen zu hindern.

Halten Sie die Augen offen. Wenn Sie viele verschiedene Arten in Ihrer Sammlung haben, werden Sie bald bemerken, daß einige großblättrige Bäume und Nadelbäume sowie Obst- und Ahornbäume, Buchen, Sumpfzypressen, Glyzinen, Weiden, Zedern und Efeu mehr Wasser brauchen als zum Beispiel Pinien. Stellen Sie eine flache, wassergefüllte Schale für Pflanzen mit hohem Wasserbedarf bereit. Sie wird am Abend leer sein und sollte wiederaufgefüllt werden. Stellen Sie den Topf – kurzzeitig und vorübergehend – in ein Wasserbecken, bis sich die Erde mit Wasser vollgesogen hat. Sie werden auch feststellen, daß Pflanzen auf einer Steinplatte mehr Feuchtigkeit brauchen als Jungpflanzen.

Manchmal erleidet ein Baum aus verschiedenen Gründen ein Trauma, zum Beispiel ein übermäßiges Austrocknen. Die Blätter werden unter Umständen trocken, rollen sich zusammen oder werden sogar abgeworfen. In solchen Fällen sollten Sie den Baum mit langsam steigenden Wassermengen versorgen, um ihn wieder in seinen ursprünglichen Zustand zurückzuversetzen. Stellen Sie ihn hierfür vorübergehend in den Schatten. Wässern Sie ihn im Abstand weniger Stunden zunehmend mehr, bis er die normale Wassermenge aufnimmt. Befeuchten Sie die Blätter jeden Morgen, wenn Sie den Boden wässern, und auch später am Tag. Halten Sie den Baum in einer halbschattigen, geschützten Umgebung, bis er wieder seinen Normalzustand erreicht hat.

Das Gießen der Blätter ist fast ebenso wichtig wie das Gießen der Erde. Blattläuse, Spinnmilben, Ruß und Staub werden durch regelmäßiges Gießen von den Blättern abgewaschen, so daß die Photosynthese ungehindert erfolgen kann. Vor allem bei hochsommerlichen Temperaturen kühlen die Blätter durch diese Maßnahme ab. Ein regelmäßiges morgendliches Besprühen mit handwarmem Wasser tut den Blättern besonders gut.

Auch die Luftfeuchtigkeit spielt eine entscheidende Rolle. Während der Sommerhitze sollten Sie die gesamte Umgebung des Bonsai – Bänke, Wände, Untergrund oder Steinplatten, Zäune und Gras – besprühen, um damit die Luftfeuchtigkeit zu erhöhen.

Düngung

Durch die Düngung werden der Pflanze gezielt Nährstoffe zugeführt. Sie nimmt besonders bei Bonsai, deren Wurzeln ja nicht unbegrenzt den Nährstoffen und anderen Nahrungsquellen entgegenwachsen können, zur Erhaltung der Gesundheit eine Schlüsselrolle ein.

Man sollte möglichst genau über die Sorte, das Alter, den Zustand und die natürlichen Wachstumsformen der betreffenden Pflanze Bescheid wissen. Je nach Bonsai kann es dabei große Unterschiede geben, was wiederum auf die Art der Düngung einen großen Einfluß hat. Folgende allgemeine Punkte sind zu berücksichtigen:

- Die Düngung beginnt im Frühjahr und endet im Herbst, findet also nur in der aktiven Wachstumsperiode statt.
- Nach dem Umtopfen setzt man ein bis zwei Monate mit der Düngung aus.
- Eine Volldüngung oder ein bis zwei kleinere Düngungen pro Monat sind für die meisten Bäume völlig ausreichend.
- Pflanzen, die besonders sauren Boden lieben, verlangen einen Spezialdünger. Sie benötigen viel Eisen, während für die meisten obst-, blüten- oder zapfentragenden Gehölze ein Dünger auf Knochenmehlbasis genügt.
- Zu saure Erde kann man mit geringen Mengen Holzkohlenasche, Düngekalk oder Holzkohle puffern.
- Verschiedene Blattkrankheiten (gelbe, farblose oder fleckige Blätter) können die Folge eines Nährstoffmangels sein. Durch einen Volldünger mit Spurenelementen können diese Erscheinungen beseitigt und die Pflanze »geheilt« werden .

Es ist ein Unterschied, ob man einer Pflanze Nährstoffe vorenthält oder sie verhungern läßt. Bonsai müssen zwar in gewissem Maße gedüngt werden, die Linie zwischen ausgewogener Ernährung und Überdüngung verläuft bei ihnen jedoch wesentlich feiner als bei anderen Lebensformen.

Die wichtigsten Nährstoffe Stickstoff, Phosphor und Kalium sind in den meisten Düngern im Verhältnis 5:3:2 enthalten. Stickstoff fördert das Wachstum der Blätter, Phosphor regt die Entwicklung von Blüten und Früchten an, während Kalium für die Bildung eines gesunden Wurzelstocks erforderlich ist. Es sind jedoch alle Elemente notwendig. Sie sorgen auch in anderen Bereichen für die Gesundheit der Pflanze.

Düngermenge

Beim Düngen gilt die Devise: »Weniger ist mehr wert«. Gehen Sie sparsam mit Düngemitteln um, da ein Zuviel den Bonsai schädigen oder ein übermäßiges Wachstum verursachen kann. Bedenken Sie, daß Pflanzen ihre Nahrung selbst erzeugen können. Mit Hilfe des Sonnenlichtes verbinden sie alle notwendigen Elemente aus Wasser und Luft und führen, zusammen mit den Nährstoffen, die sie über die Wurzeln absorbieren, die Photosynthese durch, die ihnen schließlich die Nahrung liefert. Da bei Bonsai ein gebremstes Wachstum erwünscht ist, sollten Sie Nährelemente oder Dünger nur mit äußerster Vorsicht geben. Oft ist es erforderlich, die Empfehlungen des Herstellers zu mißachten und sein Handeln der jeweiligen Situation anzupassen.

Angesichts der geringen Schalengröße empfiehlt es sich ohnehin, weniger konzentriert und häufiger zu düngen, als auf der Packung empfohlen wird. Flüssigdünger und Dünger in Pulverform sollten auf ein Drittel bzw. die Hälfte der empfohlenen Konzentration verdünnt werden.

Besonders erwähnenswert sind kranke Bäume. Sofern keine deutlichen Symptome auf einen bestehenden Nährstoffmangel hinweisen, werden die Pflanzen im allgemeinen durch die Gabe von Nährstoffen zusätzlich geschwächt.

Dünger

Kunstdünger wirken zwar rasch, verbessern aber nicht die Bodenbeschaffenheit. Organische Dünger, darunter auch Baumwollsaatmehl, Blutmehl, Knochenmehl und kompostierte Dünger tierischen Ursprungs, wirken langsamer, werden aber von den meisten Bonsaigärtnern bevorzugt.

Kombinationen dieser Dünger können auf verschiedene Weise eingesetzt werden, so auch in Pulverform oder als Flüssigkeit. Mischen Sie für einen pulverförmigen Dünger 2 Teile Baumwollsaatmehl und 1 Teil Blutmehl in einem trockenen, sauberen Behälter mit luftdichtem Deckel. Streuen Sie ein wenig Dünger in die Ecken des Behälters; fügen Sie Wasser hinzu, damit er sich langsam auf dem Behälterboden verteilen kann.

Gute Flüssigdünger sind eine gebrauchsfertige Fischemul-

Prunus subhirtella (Higan-Kirsche). Diese Zierkirsche wurde im Brooklyn Botanic Garden von Frank Okamura zum Bonsai erzogen. Die Blüten können nahezu weiß, zart rosa bis hin zu blaß- oder tiefrosa gefärbt sein. Nachteilig ist, daß die Blüte nur sehr kurz andauert, und der Baum danach uninteressant wirken kann. Die problemlose Pflege und die herrliche Frühlingsblüte können jedoch für den Rest des Jahres entschädigen.

sion sowie ein organischer, selbstgefertigter Flüssigdünger. Hierfür werden 10 Teile Wasser mit 1 Teil getrocknetem organischem Dung gemischt. Lassen Sie die Rückstände im Sommer 1 und im Winter 3 Monate stehen, so daß sie vollständig fermentieren können. Verwenden Sie nur eine Verdünnung der klaren, oben schwimmenden Flüssigkeit, bewahren Sie diese in einem Behälter luftdicht auf.

Man kann diesen organischen Flüssigdünger im Frühjahr für Zier- und Obstbäume verwenden, die neue Knospen ansetzen. Verabreichen Sie innerhalb weniger Tage 1 bis 2 Gaben. Sobald sich die Blätter entfalten, wird einmal wöchentlich gegossen. Im Sommer sollten die Pflanzen einmal pro Woche gedüngt werden, im Herbst zwei- oder dreimal im Abstand weniger Tage, bevor die Ruhezeit einsetzt. Im Winter muß nicht gedüngt werden.

Gegen pigmentlose Blätter können verschiedene organische Flüssigdünger helfen: Baumwollsaat- oder Sojabohnenmehl sind die am häufigsten verwendeten pflanzlich-organischen Düngemittel; tierische Dünger enthalten Fischabfälle sowie Vieh-, Pferde und Hühnermist.

Organischer Dünger kann auch zu Pulver gemahlen werden; dieses wird an den Schalenrand gestreut oder mit Wasser zu einer Paste vermengt. Das Pulver sollte einige Zeit reifen, bis es einen starken Geruch entwickelt. Stechen Sie mit Hilfe eines Eislöffels kleine, etwa 2,5 cm große Kugeln aus und stecken Sie diese in die Schalenecken. Die Paste ist besonders gut für Steinpflanzen geeignet, da sie auch auf Stein hält.

Manche Stoffe werden unter die Erde gemischt, um zur Ernährung der Pflanze beizutragen. Die Wirkung von Sand, Perlit oder feinem Kies wird verstärkt, wenn man Torfmoos, Torfhumus oder Lauberde unter die Erde mengt.

Fügen Sie der Erde Kompost zu, wenn sie bestimmte Wirkungen verstärken wollen. Sie sollten diese Mischung aus zersetzten oder teilweise zersetzten organischen Substanzen, zum Beispiel Grasreste und Blättern oder organischen, chemikalienfreien Abfall, wie Kartoffelschalen, Obstschalen oder Dung, auf natürliche Weise kompostieren. Die bakterielle Zersetzung erfolgt in zwei oder drei Monaten und kann bis zu einem Jahr dauern. Man kann diesen Prozeßt beschleunigen, wenn man die Bestandteile zuvor zerkleinert.

Allgemeine Richtlinien

Die meisten Bonsaigärtner wählen ein Düngungsprogramm, das zu Frühjahrsbeginn mit einer verdünnten Düngergabe für durchwurzelte Bonsai einsetzt, die noch nicht umgetopft sind.

Schößlinge und Jungpflanzen brauchen möglicherweise im späten Frühjahr und Frühsommer, also in der Wachstumszeit, zusätzliche Nährstoffe. Diese sind auch im Herbst erforderlich, wenn die neuen Triebe ausgehärtet sind. Im Herbst sollte nach Beginn des Laubabwurfs ein- oder zweimal gedüngt werden.

Nadelbäume brauchen im allgemeinen weniger Dünger als Laubbäume; Zier- und Obstbäume benötigen unter allen

LINKS UND GEGENÜBERLIEGENDE SEITE: *Chaenomeles* x *superba* »Corallina« (Zierquitte). Diese 30 Jahre alte windgepeitschte Form ist insgesamt 58,5 cm lang, 53,5 cm breit und 53,5 cm hoch. Es ist eine Kreuzung mit glänzenden, roten Blüten und leuchtend gelben Staubbeuteln. Andere Sorten reichen von orangerot zu rosa bis hin zu tiefrot. Sie gehören zu den am besten geeigneten Bonsai-Ziergehölzen, da ihre Blüten klein sind und auf einer Miniaturpflanze nicht fehl am Platz wirken. Dieser Bonsai folgt der allgemeinen »Regel«, daß rotblühende Pflanzen am besten in schlichten braunen Schalen aussehen. Hier ist es eine 10 cm hohe, sechseckige, unglasierte Schale mit abgesetztem Rand. Quitten sind in China beheimatet, man findet sie aber sehr häufig unter den japanischen Bonsai. Sie können in vielerlei Formen gestaltet werden.

Pflanzen die meisten Nährstoffe. Letztere vertragen es jedoch sehr gut, wenn sie in der Zeit der Knospen- und Fruchtbildung einmal wöchentlich mit stark verdünntem Dünger versorgt werden.

Immer mehr Bonsailiebhaber wenden abwechselnd verschiedene Düngemitteln an, da sie erkannt haben, daß jedes langfristig eingesetzte System nach einiger Zeit seine Wirksamkeit einbüßen kann. Einige Bonsaifreunde verfügen sogar über schöne, vielfältige Sammlungen, ohne sie jemals gedüngt zu haben.

Notfallmaßnahmen

Ein Notfall kann selbst bei größter Vorsicht eintreten, und es ist besser, wenn man darauf vorbereitet ist. Unternehmen Sie jeden Versuch, um zu retten, was noch zu retten ist; kümmern Sie sich intensiv um die betroffene Pflanze.

Nehmen Sie einen kranken oder geschwächten Baum vorsichtig aus der Schale. Wenn er an eine zerbrochene Schale gedrahtet ist, müssen Sie die Drähte sorgfältig entwirren und den Wurzelapparat freilegen. Untersuchen Sie vorsichtig die äußersten Wurzeln des Wurzelballens. Wahrscheinlich wird der Wurzelballen selbst intakt sein. Gebrochene oder zerquetschte Wurzeln müssen entfernt werden. Halten Sie die Wurzeln solange feucht, bis Sie den Baum wieder eintopfen. Stellen Sie die Pflanze dann vorsichtig in den Halbschatten.

Wenn der Stamm oder einer der Äste beschädigt sind, müssen Sie die abgebrochenen Teile so nahe wie möglich an einem Knoten entfernen und den Baum übergangsweise in ein Beet setzen. Ernsthafte Schäden des Stammes (abgebrochene Spitze) können Sie zum Anlaß nehmen, einen Jin zu gestalten (siehe S. 79-81). Wenn der obere Bereich nur teilweise beschädigt ist, können Sie unter Umständen die Spaltung mit Hilfe von Jin-Techniken vollständig ausführen.

Wenn Sie Krankheiten oder Schädlinge als Problem vermuten, sollten Sie die Erde entfernen und den Bonsai in sauberen, reinen Sand pflanzen. Stellen Sie die Pflanze anschließend in den Halbschatten und verabreichen Sie das entsprechende organische (oder chemische) Pflanzenschutzmittel. Düngen Sie zu diesem Zeitpunkt nicht.

Wenn ein Zwergbaum trotz richtiger Pflege plötzlich welkt, stellen Sie ihn einen Tag lang in eine schattige, windgeschützte Ecke. Wässern Sie den Bonsai wie gewohnt weiter; möglicherweise hat sich der Baum bis zum Abend wieder erholt. In diesem Fall stellen Sie ihn umgehend wieder an seinen alten Standort zurück und fahren mit der gleichen Behandlung fort. Der Baum darf nicht längere Zeit im Schatten verbleiben, da er sich sich schnell an den Schatten gewöhnen könnte und eventuell leiden würde, wenn Sie ihn wieder zurück in die Sonne stellen.

Schädlinge und Krankheiten

Zum Glück umfassen alle guten Pflegeprogramme automatisch viele »Helfer«, die den Bonsai vor Schädlingen und Krankheiten bewahren.

Das kräftige Besprühen des Blattwerks befreit den Baum von Blattläusen und Spinnmilben. Wenn die Bäume auf einer erhöhten Plattform stehen, können schädliche Insekten schneller erkannt und bekämpft werden. Die individuelle Aufmerksamkeit, die jeder Baum täglich beim Gießen bekommt, ist vielleicht die entscheidenste Präventivmaßnahme überhaupt.

Insekten, Schädlinge und Krankheiten können viele Symptome verursachen, angefangen vom vorzeitigen Abwurf von Blättern oder Früchten, über das Welken des Baums bis hin zu seinem endgültigen Absterben. Ein unkontrollierter Befall einer Pflanze stellt ein großes Problem dar, da er leicht auf andere Exemplare einer Sammlung übergreifen kann.

Legen Sie eine Mischung aus 50% Borax und 50% Zucker aus, wenn Ihre Bonsaitische auf dem Boden stehen. Schädlinge werden dadurch angelockt und können beseitigt werden. Wenn die »chemische Keule« notwendig wird, sollten Sie Sie sich auf die kleinstmögliche Menge Insektizid beschränken. Versuchen Sie zuerst, das Problem auf organische Weise anzugehen.

Zu den schlimmsten Erkrankungen zählt die Wurzelfäule. Sie wird durch verschiedene Faktoren, darunter auch Erdmischungen mit unzureichender Entwässerung oder schlechter Wasserspeicherung, Umtopfen zum falschen Zeitpunkt und zu reichliches Gießen nach dem Umtopfen, verursacht. Um den Baum zu retten, müssen die Wurzeln bis auf das gesunde, unbefallene Gewebe zurückgeschnitten werden.

Blattläuse sondern eine klebrige Substanz ab, die Ameisen anlockt. Oft werden die Blattläuse von den Ameisen von einer Pflanze zur nächsten getragen. Vorbeugend sind also sowohl Blattläuse als auch Ameisen von der Sammlung fernzuhalten. Man kann die unmittelbare Umgebung der Bonsaigestelle schützen, indem man die Tischbeine in einen Eimer stellt, der mit Wasser und einem Insektizid gefüllt ist.

Man kann Nackt- und Schalenschnecken schnell entdecken und mit Giftfallen in den Griff bekommen. Würmer und Raupen lassen sich von Hand entfernen. Beachten Sie bei der Anwendung von chemischen Sprays, daß die Erde zunächst ausreichend mit klarem Wasser gewässert wurde. Sprühen Sie nur an einem wolkigen, kühlen Tag, damit die Pflanze nicht verbrennt.

Einer der häufigsten und gefährlichsten Schädlinge ist die Spinnmilbe. Deutliche Anzeichen für ihr Auftreten ist ein Entfärben der Blätter. Es bilden sich Blattflecken, die Blätter werden gelb oder grau und schließlich braun. Isolieren Sie den befallenen Baum und behandeln Sie ihn mit Pyrethrin und Nikotin oder Stäubeschwefel. Die Gesundung ist meist ein langwieriger Prozeß. Manchmal kann es mehrere Monate dauern, bis der Baum wieder seinen normalen Gesundheitszustand erreicht hat.

Schildläuse sind schwer zu bekämpfen; sie können schwarz oder braun sein, auf den Trieben und Blattunterseiten wirken sie wie festsitzende, winzige Austern. In der Ruhezeit oder zu Frühjahrsbeginn, bevor die Knospen aufbrechen, kann man vorbeugend Teerölspray auf die Bäume aufbringen. Entfernen Sie die Schildläuse von Hand mechanisch.

Bei Rußtau handelt es sich um einen Pilz, der die Blätter mit schwarzem Staub überzieht. Der schwarze Schimmel entwickelt sich auf den Sekreten, die Blattläuse, Schildläuse und andere Kleininsekten auf den Blättern hinterlassen. Bespritzen Sie die Pflanzen vorbeugend im späten Winter oder zu Frühjahrsbeginn mit öligem Winterspritzmittel. Besprühen Sie die Blattober- und Blattunterseiten mit Seifenlauge, wenn Sie den Schimmmel nach dem Aufbrechen der Blattknospen entdecken. Besprühen Sie auch die Blätter der oberhalb der Bonsaisammlung stehenden Gartenbäume.

Mehltau befällt junge Blätter und Äste; die befallenen Stellen sehen aus, als habe man sie mit Mehl bestäubt. Hier können eine Verbesserung der Luftzirkulation und mehr Sonne helfen. Der befallene Baum wird mit Kupferkalkbrühe eingesprüht, im Herbst werden die abgefallenen Blätter verbrannt.

Bei Rostbefall findet man auf jungem Blattwerk und Gehölzen kleine, verschiedenfarbige Körnchen. Die Krankheit tritt am häufigsten im späten Frühjahr und Frühsommer auf. Man sprüht bereits im frühen Befallsstadium. Das gesamte abgeworfene Laub wird eingesammelt und verbrannt.

Die Blattfleckenkrankheit verursacht vor allem bei laubwechselnden Gehölzen graue, braune oder schwarze Flecken auf Blättern, jungen Trieben, Ästen und Früchten. Ein Besprühen mit Kupferkalkbrühe ist nützlich, und auch hier sollten alle abgeworfenen Blätter, Früchte und Triebe eingesammelt werden.

Borkenkäfer können das Absterben des Baumes verursachen. Sie bohren Löcher in die verholzten Teile und hinterlassen eine deutliche Schleimspur. Bei befallenen Bäumen muß Pyrethrin oder Nikotin direkt in die Bohrlöcher gespritzt

Citrus aurantium (Orangenbaum). Der Orangenbaum ist die unempfindlichste Zitrusfrucht. Nach der Blüte im Frühling ist 6 Monate lang eine Mindestemperatur von 13°C erforderlich, damit die Früchte reifen können. Obwohl die Pflanzen frostempfindlich sind, genießen sie im Sommer den Aufenthalt im Freien. Problematisch bei Obstbäumen können Insekten oder Vögel sein, die Früchte und Beeren anpicken – Orangen sind jedoch nicht anfälliger als anderes Obst. Diese Foto wurde in der Kyuka-en-Sammlung aufgenommen.

werden. Man verwendet hierfür eine sterile Spritze und Nadel und versiegelt das Loch anschließend mit Paraffin oder Ton.

Regenwürmer werden mit einer mittelstarken Pyrethrinlösung vom Bonsaitopf ferngehalten.

Wolläuse ähneln kleinen Wattebäuschchen. Das Entfernen mit einem alkoholgetränkten Wattestäbchen nimmt jedoch viel Zeit in Anspruch.

Fadenwürmer (Nematoden) greifen die Wurzeln an, entziehen dem Baum jede Energie und verursachen sein Absterben. Bei Nematodenbefall müssen Sie die gesamte Erde austauschen und alle Wurzelverdickungen entfernen. Tauchen Sie die Wurzeln anschließend 10 bis 15 Minuten lang in eine Kalklösung, bevor Sie die Pflanze wieder einsetzen.

Kaninchen und Mäuse können Sie mit einen sehr straff gespannten Maschendraht fernhalten, der tief unten am Boden befestigt ist. Mäuse und Kaninchen rollen sich gerne im Winter unter den Bonsai in Frühbeeten oder in Gartenbeeten zusammen. Ein stabiles Drahtgitter hält sie fern.

Vögel entfernen manchmal Moos vom Boden oder Früchte von den Ästen.

Schutz im Winter

Der Winter stellt an den Bonsaifreund zahlreiche Herausforderungen. In dieser Jahreszeit wachsen die Bäume nicht übermäßig und legen in vielen Teilen der Welt sogar eine Wachstumspause ein.

Für die kalte Jahreszeit müssen entsprechende Vorkehrungen getroffen werden. Die Bäume sollten nur allmählich extremer Kälte ausgesetzt werden, bevor sie endgültig ins Winterquartier kommen. Sollte der Boden zu dicht bewachsen sein, können Sie einige Bodendecker entfernen und in getrennten Behältern überwintern. Lockern Sie die Oberfläche etwas auf, damit genügend Feuchtigkeit eindringen kann.

Die Anforderungen hängen vom jeweiligen Wohnort ab. In Gegenden, in denen die Temperaturen unter dem Gefrierpunkt liegen und Schnee an der Tagesordnung ist, haben Sie die Auswahl zwischen einer Grube, einem Unterstand, einem kühlen Keller, einem unbeheizten Raum, einem Schuppen oder einem unbeheizten Nebengebäude, einer Garage, einem Frühbeet bzw. einem speziell vorbereiteten Beet.

In Gegenden, in denen der Boden nachts gefriert und tagsüber wieder auftaut, ist ein geschützter Unterstand mit ausreichender Luftzirkulation passend. Robustere Exemplare, also diejenigen, die auch extreme Kälte überstehen, fühlen sich in einem gemulchten Kasten oder einem Hochbeet wohl, wobei die Pflanzschale in einer hohen Erdschicht versenkt wird. Wenn die nächtlichen Temperaturen nicht unter den Gefrierpunkt sinken, sind nur wenige zusätzlichen Maßnahmen erforderlich.

Auf einen strengen Winter sollte man ausreichend vorbereitet sein. Die richtige Winterpflege hilft nicht nur, die Bäume gesund zu halten, sondern sorgt auch dafür, daß die Schalen nicht zerbrechen und sich die Bodenbeschaffenheit durch den Wechsel von Kälte und Wärme nicht ändert.

Sobald im Winter die Temperatur mehrere Nächte hintereinander unter den Gefrierpunkt fällt, müssen besondere Vorbereitungen getroffen werden. Der Zeitpunkt dieser Vorsichtsmaßnahmen hängt von der jeweiligen Region ab. Selbst winterharte Bonsai müssen »konditioniert« werden: Sie müssen immer wieder für kurze Zeit niedrigen Temperaturen und Frost ausgesetzt werden, bevor sie endgültig ins Winterquartier kommen.

Auf welche Art sie vorgehen, hängt von der Winterhärte der Pflanzen ab. Auf S. 120-141 finden Sie Infomationen über die verschiedenen Zonen der Winterfestigkeit und die entsprechenden Pflanzen. Man sollte nicht vergessen, daß bei der Einteilung der Zonen auch die Luft- und Bodentemperaturen berücksichtigt werden. Man muß also eine Situation mit

Cedrus atlantica 'Glauca' (Atlaszeder).
Dieser Kaskadenbonsai wurde vor 30 Jahren gestaltet. Sein Alter wird auf 45 Jahre geschätzt. Die immergrüne Zeder mit ihrer hellgrauen Rinde und dem blaugrauen Nadelbesatz stammt aus dem nordafrikanischen Atlasgebirge und zählt zu den in Europa am weitesten verbreiteten Sorten. Die Atlaszeder ist als Bonsai bestens geeignet, sie muß jedoch vor kalten Winterwinden geschützt werden. Schnee ist eine ausgezeichnete Mulchschicht beim Überwintern der Bonsai, da er Pflanze und Boden feucht hält und bei konstanter Temperatur isoliert.

gleichmäßigen Temperaturen schaffen, damit Wurzelapparat und Pflanze die Winterruhe einhalten können. Gleichzeitig darf es nicht so kalt sein, daß Schäden entstehen. Die Sammlung sollte gut zugänglich, nahe einer Wasserquelle, vor Wind und dem Wintertod geschützt aufbewahrt werden, das heißt dem Absterben von Blättern, Trieben und Ästen aufgrund eines nicht stabilen Gefrier-Tau-Zyklus.

Graben Sie lange vor der einsetzenden Frostperiode ein Beet in Nähe der Hauswand, vorzugsweise an der Nord- oder Ostwand. Die Wärmeabstrahlung des beheizten Hauses verhindert ein Zufrieren des Bodens und bewirkt ein regelmäßiges Auftauen. Aufgrund der östlichen Ausrichtung werden extreme Temperaturschwankungen vermieden, die bei nördlicher oder westlicher Ausrichtung zu erwarten wären. Sofern dies nicht möglich ist, kann auch ein Platz nördlich oder östlich einer Hecke Schutz bieten.

Versenken Sie die Bonsai mitsamt Schale in das Beet, häufeln Sie rundherum eine Mulchschicht an, die aus Blättern, Tannennadeln, Sägespänen oder Erde bestehen kann. Unter Umständen wird auch die Natur ihre eigene Mulchschicht liefern: Schnee. Schnee ist am besten als Isolierschicht und zur Regulierung von Feuchtigkeit und Temperatur geeignet. Am schwierigsten ist es, wenn es im Winter sehr wenig schneit und die Temperaturen ständig stark schwanken. Eine dicke Schneedecke mildert die Auswirkungen solcher Schwankungen.

Bauen Sie um das Beet einen Windschutz aus einem Material, das Winterwinden und kalten Temperaturen standhält – dichtes Nylongewebe, Sackleinen, Segeltuch und sogar Kunststoffe sind geeignet. Befestigen Sie den Schutz an Stöcken, die um das Beet herum etwa einen Meter aus der Erde ragen. Wenn Sie eine dauerhaftere Lösung suchen, sind Ziegel oder Zementsteine, Sperrholz oder Gartenzäune geeignet.

Bauen eines Frühbeetes

Ein Frühbeet als Winterquartier ist einfach zu bauen. Sie können es als Bausatz kaufen oder selbst fertigen. Sie brauchen ein dichtes, ausrangiertes Fenster und müssen eine Kiste entsprechender Größe bauen. Messen Sie die Bodenfläche, die entsteht, wenn Sie das Fenster so steil stellen, daß Regen und Schnee leicht abfließen können, und so hoch, daß Sie darunter auch den größten Bonsai Ihrer Sammlung unterbringen können. Rechnen Sie anschließend 15 cm Tiefe hinzu.

Heben Sie auf der Nord- oder Ostseite ein 30 bis 45 cm tiefes Loch aus, füllen Sie eine 10 cm hohe Drainageschicht aus kleinen Kieseln auf. Messen Sie die vier Fensterseiten sorgfältig ab, schneiden Sie das Sperrholz entsprechend zu. Befestigen Sie die Fensterrückseite am hinteren Teil der Kiste, damit Sie das Fenster problemlos öffnen können. Schneiden Sie eine starre Styroporisolierung für jede Seite zu und befestigen Sie diese am Sperrholz. Setzen Sie anschließend die Eckstücke fest Stoß auf Stoß aufeinander, um eventuelle Luftzüge zu verhindern; befestigen Sie die Stücke. Setzen Sie den fertigen Rahmen in die Grube und füllen Sie die Außenränder mit der ausgehobenen Erde auf.

Befestigen Sie einen langen Haken an der Fenstervorderseite, schlagen Sie einen dicken Pflock am Haus oder hinter dem Frühbeet in die Erde. Befestigen Sie an der entsprechenden Stelle einen Schraub- oder Ösenhaken daran, damit das Fenster offengehalten werden kann, wenn man Pflanzen hineinstellen oder herausnehmen möchte.

Besprühen Sie die Blätter großblättriger, immergrüner Pflanzen und die Nadeln von Koniferen vor der Einwinterung mit einem Mittel zum Schutz vor Austrocknung. Wiederholen Sie dies ein- bis zweimal täglich, sobald die Temperaturen über 4 °C steigen. Bei laubwechselnden Bäumen ist diese Maßnahme nicht nötig, da die Blätter sowieso abgeworfen werden.

Pflege während der Winterruhe

Bonsai »ruhen« tatsächlich in der Winterzeit. Sie wachsen kaum und schöpfen Kraft für das spätere Wachstum und die Ausbildung von Zapfen, Blüten und Früchten während der Vegetationszeit.

In dieser Zeit kann man die Bäume – vor allem die laubwechselnden Arten – genau untersuchen. Man kann die Wuchsform neu bewerten, da keine störenden Blätter die strukturellen Mängel verdecken. Notieren Sie geplante Änderungen, die Sie später vornehmen wollen.

Wenn die Temperaturen zwischen dem Gefrierpunkt und 5 °C liegen, brauchen die Bonsai kein Licht. Überprüfen Sie die Temperaturen regelmäßig: Legen Sie mehrere Thermometer an den Überwinterungsplatz, damit Sie die niedrigsten Temperaturen an verschiedenen Stellen kontrollieren können.

Gießen Sie in der Ruhezeit äußerst sparsam. Da kaum eine Photosynthese erfolgt, reduziert sich auch der Feuchtigkeitsbedarf. Wenn die Sammlung im Freien überwintert, liefern Regen und Schnee die benötigte Feuchtigkeit. Befindet sich die Sammlung jedoch in einer dunklen Garage, einem Untergeschoß, Schuppen oder Frühbeet, muß Wasser zugeführt werden. Die Erde darf keinesfalls vollständig austrocknen, damit die Wurzeln bei vorübergehend ansteigenden Temperaturen über ausreichend Feuchtigkeit verfügen und nicht vertrocknen.

Da der Boden in einem geschlossenen Raum schneller austrocknet als im Freien, sollten Sie die Feuchtigkeit in den Bonsaitöpfen regelmäßig – etwa alle vier Tage – überprüfen. Bei steigenden Außentemperaturen verdunstet jede Restfeuchtigkeit im Inneren schnell. Nun ist es an der Zeit, die Erde jedes Baums vorsichtig und sparsam zu gießen – in der Schale darf kein Wasser stehenbleiben, da es bei fallenden Temperaturen gefrieren würde.

Man sollte den Bonsai nicht in wertvollen Schalen überwintern. Setzen Sie Ihren Baum gegebenenfalls in einen ebenso großen Übergangstopf, den Sie aus extrastarker Alufolie dem Original maßstabsgetreu nachformen. Schneiden Sie die Abzugslöcher aus dem Boden an den gleichen Stellen wie beim Original aus, decken Sie die Löcher anschließend ab. Streuen Sie etwas Erde auf die Folie, bevor Sie den Bonsai einsetzen. Die meisten Bonsaischalen besitzen Füße oder einen Rand, um einen direkten Bodenkontakt zu vermeiden. Sie können diese ersetzen, indem Sie ein wenig Blumensteckmasse am Boden anbringen. Setzen Sie diese »Füße« an die entsprechende Stelle, an der sich auch die ursprünglichen Schalenfüße befinden. Im Frühjahr setzen Sie den Bonsai unverändert in seinen alten Topf zurück.

Da das Frühjahrswetter unberechenbar ist, sollten Sie sich mit dem Umstellen der Pflanzen ins Freie Zeit lassen. Stellen Sie den Bonsai zunächst eine Woche lang in den Halbschatten, gewöhnen Sie ihn langsam an die neuen Lichtverhältnisse, bevor Sie ihn der Sonne aussetzen. Besprühen Sie die Pflanzen sofort von oben und unten und so oft wie nötig, falls es zu einem erneuten Kälteeinbruch kommt. Sie können damit verhindern, daß sich auf dem Baum und den jungen Trieben dicke Eiskristalle bilden. Auch wenn der Baum darunter leiden wird, können Sie damit einen dauerhaften Schaden von ihm abwenden.

Urlaub

Nicht nur Menschen, sondern auch Bonsai reagieren auf wechselnde Situationen. Was die Pflanzen nicht mögen, sind überraschende, plötzliche Veränderungen.

In der Urlaubszeit kann ein anderer Bonsai- oder Gartenfreund für Ihre Sammlung sorgen. Bei hohen Temperaturen können Sie die Bonsai andernfalls an einen sonnen- und windgeschützten Ort stellen. Eine Bewässerungsanlage mit zuverlässiger Zeitschaltuhr ist zwar keine perfekte Alternative, aber durchaus vertretbar. Damit die Pflanzen die Tageshitze unbeschadet überstehen, müssen sie frühmorgens ausreichend gegossen werden. Das zweite Wässern sollte zu einem geeigneten späteren Zeitpunkt erfolgen. Die Pflanzen sollten zudem in regelmäßigen Abständen begutachtet werden.

Ein Unterstellen unter Glas oder Plastikfolien ist selbst bei regelmäßigem Gießen der Bonsai gänzlich ungeeignet, da die Pflanzen Hitzeschäden erleiden können, von Schädlingen oder Krankheiten befallen werden oder verdursten.

Während der Winterruhe muß man nur ein paarmal pro Woche nach den Pflanzen sehen. Stellen Sie eine Gießkanne bereit und sorgen Sie dafür, daß Ihre »Bonsaivertretung« Zugang zu fließendem Wasser hat.

Bonsaischalen

Viele Fachleute meinen, daß die Bonsaischale einem Bilderrahmen ähnelt, da ihr die Aufgabe zukommt, den Bonsai im besten Licht zu zeigen. Eine geeignete Bonsaischale zeichnet sich durch folgende Eigenschaften aus:

- ausreichende Entwässerung,
- frostunempfindlich durch schräg nach außen verlaufende Wände,

Cedrus atlantica 'Glauca' (Atlaszeder).
Die auf den Seiten 69 und 70 abgebildete Atlaszeder wurde inzwischen aus ihrem Winterquartier geholt und wieder ausgestellt, so daß man ihren schönen Topf sehen kann. Immergrüne Pflanzen wirken am besten in neutralen braunen Töpfen; Kaskaden benötigen zudem tiefere Töpfe als die meisten anderen Formen, damit der Topf von den nach unten hängenden Ästen und dem nach unten gebogenen Stamm nicht verdeckt wird. Sechseckige Töpfe wirken weicher als andere Formen – dieser Topf harmoniert mit dem gebogenen Stamm und dem blaugrauen Nadelwerk.

Oben und Oben rechts: Gyozan Nakano gilt derzeit als einer der besten Hersteller von Bonsaischalen. Sein Geschäft befindet sich im japanischen Tokoname, einem traditionellen Töpferort, in dem auch heute noch die meisten Bonsaischalen hergestellt werden. Nakaos Schalen werden nicht auf der Scheibe gedreht, sondern von Hand getöpfert und dann im Gasofen gebrannt; die dickwandigen Exemplare überstehen viele Frostperioden.

Rechts: Nakano stellt Töpfe serienmäßig her, aber auch signierte Sonderanfertigungen für ausgewählte Kunden. Obwohl es in Tokoname immer noch Tonvorkommen gibt, mischt er lokalen und chinesischen Ton im Verhältnis 1:1. In Japan enstehen zunehmend mehr Keramikfabriken. Dies hat den Preis für sämtliche handgefertigten Schalen in die Höhe getrieben. Auch im Westen gibt es inzwischen Töpfer, die klassische Bonsaischalen herstellen. Sie können durchaus mit den schönsten japanischen Exemplaren konkurrieren.

- Farbe und Form zeigen den Bonsai im besten Licht,
- unglasierte Innenseite.

Zu den geeigneten Materialien zählen Keramik, Holz, Zement, Steingut, Steinzeug und Porzellan; sie können glasiert oder unglasiert sein.

Für immergrüne Pflanzen werden nach alter Tradition entweder neutrales Braun, Grau oder Rot gewählt; bei laubwechselnden Bäumen werden farbigere grüne, blaue oder weiße Schalen verwendet. Zierbäume sehen besonders gut in blauen, grünen und dunkelvioletten Schalen aus. Einige Gehölze und Sträucher mit roten Blüten kommen jedoch in weißen Schalen am besten zur Geltung. Erdbraune glasierte oder unglasierte Schalen sind für alle Pflanzen geeignet .

Obstbäume können auch in farbigen Schalen bestehen. Es ist Tradition, Bäume mit roten Früchten in weiße und Bäume mit gelben oder orangefarbenen Früchten in blaue Schalen zu setzen. Auch hier ist ein erdiges Braun immer angemessen.

Bei immergrünen und laubwechselnden Bäumen mit lebhaft gefärbten Blättern gelten folgende Regeln: Intensive Farben sehen in grünen, rotblättrige Bäume in weißen, gelbe oder orangefarbene in blauen Schalen gut aus. Auch hier kann man zwischen glasierten und unglasierten Schalen auswählen. Glänzende schwarze Schalen und karamel- oder beigefarbene Töne sind zwar nicht üblich, können aber sehr wirkungsvoll sein.

Im allgemeinen gilt folgende Faustregel: je älter der Baum, desto einfacher, je zarter der Baum, desto heller die Schale.

Die Proportionen zwischen Bonsai und Schale müssen mit dem optischen Eindruck und dem Gewicht des Baumes übereinstimmen.

Bonsaischalen gibt es in nahezu allen geometrischen Formen und Größen: quadratisch oder rechteckig, rund oder oval, tiefe Formen für Kaskaden, die wiederum quadratisch oder rund sein können. Wenn man Sets mit drei oder vier verschiedenen Größen zu vernünftigen Preisen findet, kann man diese bereits im voraus kaufen. Die Pflanzen werden ohnehin größer und müssen unter Umständen umgetopft werden; viel-

LINKS: Nakano produziert Schalen und Töpfe aller Größen und Formen, von Mame bis zum Vier-Mann-Gewicht, glasiert und unglasiert. Man sollte beim Kauf berücksichtigen, daß glasierte Schalen im allgemeinen eine geringere Lebenserwartung haben als unglasierte. Die Wahl der richtigen Schale ist zwar entscheidend, man kann die Regel aber durchaus durchbrechen. Greifen Sie im Zweifelsfall zu einem einfachen unglasierten, erdfarbenen Topf: Hier liegen Sie nie falsch.

leicht wollen Sie auch weitere Bäume kaufen. Im allgemeinen sollte man jedoch vor dem Kauf einer Bonsaischale erst die Bäume auswählen und mit der Erziehung beginnen.

Ausstellung

Über die Ausstellung der Zwergbäume wird meist wenig gesagt, da sie ohnehin mehr Pflege und Aufmerksamkeit erhalten als Gartenbäume der gleichen Sorte oder die meisten Zimmerpflanzen.

Bestimmte Punkte verdienen jedoch besondere Beachtung, vor allem, wenn Sie die Bäume öffentlich ausstellen wollen. Die Bonsai müssen sauber beschnitten sein. Dies mag zwar logisch klingen, aber es gibt verbleibende Schnittspuren, die von Bonsaifreunden nicht immer berücksichtigt werden. Größere Schnittwunden sollten zum Beispiel verheilt sein und parallel zum Stamm bzw. dem betroffenen Ast verlaufen. In manchen Fällen ist die Verwendung künstlicher Rinde – einer leichten Mischung aus Ton und Wasser (siehe S. 102) – angeraten, um Narben zu verdecken.

Abgestorbene Blätter, Blüten und Äste sowie ausgetrocknete Früchte müssen entfernt weden, sofern sie nicht Bestandteil der ästhetischen Komposition sind. Der Boden sollte sauber und sorgfältig mit Moos abgedeckt sein. Auch die Schale muß sauber sein. Weder Erde, Kompost noch Kies dürfen daran haften. Die Bonsai werden auf einem Gestell oder einer von Stil, Farbe, Form und Höhe her passenden Unterlage präsentiert. Diese sind inzwischen überall aus Holz und Lack, Bambus und Keramik erhältlich.

Moose und Flechten

Da beim Bonsai alles eine Aufgabe erfüllt, machen auch die Moose und Flechten zur Bodenabdeckung hier keine Ausnahme. Sie sehen hübsch aus, wenn sie die Erdoberfläche mit ihrem samtigen Pelz überziehen; gleichzeitig helfen sie, Wasser und Erde in der Schale festzuhalten. Sie sollten sparsam gepflanzt werden, damit sie natürlich wirken und das Wasser nicht daran hindern, ins Erdreich einzudringen.

Mit Hilfe einer speziellen Methode ist es möglich, einen Moosrasen in einer Schale anzulegen. Während dieser wie eine weiche, tiefgrüne Matte wirkt, erhält man eine Ballenform, wenn man Moosstückchen zusammensetzt. Das Moos wird hierzu mit einem scharfen Messer mit möglichst wenig Erdreich an seinem natürlichen Standort ausgeschnitten. Anschließend wird es in einen (mit Papier ausgelegten) Behälter gelegt und leicht gegossen (es sollte feucht, nicht jedoch naß sein). Man entfernt den größten Teil der Erde mit einer Schere und löst jedes Büschel einzeln vom großen Moosstück.

Lockern Sie die Erdoberfläche in der Bonsaischale etwas auf; setzen Sie die Moosbüschel einzeln mit einer langen Pinzette in der Nähe des Stamms, jedoch nicht direkt daneben, ein. Arbeiten Sie sich von innen nach außen vor, entfernen Sie anschließend überschüssiges Material. Streuen Sie trockene Erde auf das Moos und pressen Sie es mit einem Pfannenwender oder Holzspatel flach. Besprühen Sie das Moos zwei- oder dreimal vorsichtig, so daß sich die Erde festsetzt.

Sie können aber auch Moos sammeln und ein paar Tage zum Trocknen in den Schatten legen. Anschließend zerkrümeln Sie das Moos, indem Sie es durch ein grobes Sieb streichen. Mischen Sie die Teilchen mit etwas Erde, verteilen Sie

Moosbepflanzung und Unterpflanzung

1. Moos findet man in den Ritzen zwischen Pflastersteinen oder auf rauhen Steinen. (Waldmoos ist zu hoch für Bonsai.) Setzen Sie die Büschel mit einer Pinzette auf die Erdoberfläche und drücken Sie sie mit den Fingern fest.

2. Sie können das Moos bis zum Anwachsen vorübergehend mit U-förmig gebogenem Kupferdraht befestigen. Der Baum im Hintergrund ist erst vor wenigen Wochen bemoost worden, das Moos ist aber bereits gut angewachsen.

die Mischung dünn und regelmäßig auf der Erdoberfläche der Schale. Drücken Sie alles vorsichtig flach; besprühen Sie es, bis das Moos anfängt zu wachsen.

Gleichzeitig mit dem Moos erscheint oft eine silbriger Pilz am Boden in Stammnähe. Dies ist ein Zeichen, daß der Bonsai gesund ist. Der Pilz entwickelt sich, sobald das Moos anwächst und kann nicht künstlich gepflanzt werden.

Verzweifeln Sie nicht, wenn das Moos in der Sommerhitze braun wird – es bedeutet nur, daß der Bonsai ausreichend Wasser bekommt.

Sollten Sie mehr Moos benötigen, streuen Sie die Mooskrümel, die Sie in einem luftdichten Einmachglas aufbewahrt haben, auf den feuchten Boden.

Chaenomeles x superba 'Carollina' (Zierquitte). Es handelt sich um eine Nahaufnahme der Stammbasis jener auf den Seiten 56 und 57 abgebildeten Zierquitte. Ein dichter grüner Teppich ist besonders effektvoll, wenn die Baumwurzeln sichtbar sind. Moosfarn (*Selaginella*) und viele niedrigwachsende Gattungen, wie Dickblatt *(Crassula)* Heidekraut (*Erica*) und Seggengras (*Carex*), die im allgemeinen als Steingartengewächse erhältlich sind, sind ebenfalls als Unterpflanzungen geeignet. Eine gute Bodenbedeckung aus Moos oder anderen niedrigen Gewächsen fördert die Wasserspeicherung und senkt damit die Gießhäufigkeit. Der Stamm darf nicht mit Moos bewachsen sein, da dieser sonst faulen könnte.

Kapitel 5

Bonsaigestaltung

Die Gestaltung von anerkannt schönen Bonsai, die Ausdruck der Persönlichkeit ihres Schöpfers sind, ist eine jahrhundertealte Herausforderung für Bonsaifreunde. Diese Menschen haben die Möglichkeiten der Formgebung und Ihr Geschick ständig verbessert und damit Bonsai vom Kunsthandwerk zur Kunst erhoben.

Die Kunst des Bonsai ist paradox: Präzise, genaue Schritte sind notwendig, um mit der Gestaltung zu beginnen, aber dennoch hängt diese Kunst von einer sehr persönlichen Interpretation von Leben und Natur ab.

Im Laufe der Jahrhunderte haben sich verschiedene Gestaltungsprinzien entwickelt, die direkt der Natur entstammen. Die Lebensbedingungen der Pflanzen sind ebenso unterschiedlich wie die vielen typischen Merkmale. Diese Merkmale interpretieren Bonsaigärtner nun in ihrer eigenen Umgebung, damit sie sich daran freuen können, wann immer sie wollen.

In diesem Kapitel werden die verschiedenen Grundstilarten und die hierzu erforderlichen, zeitaufwendigen Techniken beschrieben. Es handelt sich hierbei lediglich um eine Verfeinerung der Techniken, die Sie vermutlich in Ihrem Garten ohnehin bereits anwenden. Schließlich wird das Ein- und Umtopfen von Bonsai beschrieben.

Pinus parviflora (Mädchenkiefer).
Diese windgepeitschte Form stammt aus der Mansei-en-Sammlung in Japan. Sie steht in einer unglasierten, braunen Schale in Felsform, wie sie neben windgepeitschten Formen auch von jeher für gelehnte Stämme und Kaskadenformen verwendet wird. Bonsai dieser Form sollen den Eindruck erwecken, sie seien ständig starken Winden aus einer Richtung ausgesetzt gewesen. Alle Zusatzpflanzen sollten sich ebenfalls in diese Richtung neigen, damit das Ganze natürlich wirkt.

Bonsaigrößen

Bonsai werden nach Größe und Form klassifiziert, die eine Referenz für Betrachter und Gärtner sind. Vier Größen sind üblich.

Große Bonsai sind die größte zulässige Kategorie; ohne Schale sind sie zwischen 65 und 120 cm hoch. In Japan nennt man sie – bezogen auf die zu hebende Größe – »zwei-, drei- oder viermanngroß«. Im allgemeinen werden diese Pflanzen als Garten- oder Verandadekoration verwendet oder in einem Gebäude entsprechender Größe aufgestellt.

Mittlere Bonsai sind so groß, daß sie ein Mensch mittlerer Statur problemlos verschieben kann; ihre allgemein anerkannte Größe liegt zwischen 30 und 65 cm. Es handelt sich hierbei um die praktischste und effektivste Sammel- und Gestaltungsgröße; in Japan gilt sie als die beste Größe für häusliche Sammler.

Die kleinen Bonsai kann man mit einer Hand heben; je nach Form handelt es sich hierbei um 17 bis 30 cm große Bäume. Bei amerikanischen Bonsaifreunden sind sie am verbreitetsten, sie schließen allerdings die Wachstumsform auf einem Stein aus.

Die kleinsten Exemplare heißen Mame (»Mah-mai« gesprochen) oder Miniaturbonsai. Sie sind höchstens 17 cm hoch und finden auf der Innenfläche einer Hand Platz. Wenn sie klein genug sind, passen sogar zwei oder drei davon in eine Hand. Ihre Größe erregt starkes Interesse, wenngleich es mit Mame zahlreiche Probleme gibt: Sie lassen sich nur schwer in eine künstlerische Form bringen; außerdem müssen sie in ihren winzigen Schalen fast ständig gegossen werden.

Grundstilarten

Man unterscheidet ungeachtet der Baumgröße fünf Grundstilarten bei Bonsai. Sie sind nach dem Winkel benannt, den der Stamm mit dem waagerechten Topfrand bildet. Könner auf diesem Gebiet nehmen die verschiedenen Formen nur als Ausgangspunkt für ihre eigene Ausdrucksart.

Die Grundstilarten sind sehr spezifisch. Die streng aufrechte Form ist vielleicht am schwierigsten zu erreichen. Sie ist durch einen durchgehenden geraden Stamm definiert, der sich gleichmäßig von einer breiten Basis zu einer dünnen Spitze hin verjüngt. Die Äste sind symmetrisch angeordnet, so daß sie aus jedem Blickwinkel ausgewogen wirken.

Die Astsilhouette bildet von vorne betrachtet ein ungleich-

Miscanthus (Flechtstraußgras). Dieses Flechtstraußgras, steht in der Sudo-Sammlung in Japan. Es beweist, daß fast alle Pflanzen als Bonsai geeignet sind. Hier handelt es sich um eine Waldform in einer flachen, runden, unglasierten Schale mit abgesetzem Rand, die auf einer glänzenden Holzplatte steht. Die frischen grünen, gebogenen Blätter rascheln beim geringsten Luftzug. Auch dieser Bonsai ist dicht mit Moos unterpflanzt. *Arundinaria* (Bambus) wird in Japan oft auf ähnliche Weise verwendet und verstärkt bei jeder Sammlung den fernöstlichen Eindruck. Die abgebildete Pflanze steht im Yonan-so Hotel in Utsunomiya vor einer Bildrolle mit flußaufwärts schwimmenden Fischen.

schenkliges Dreieck, der Gesamtbaum gleicht einem Kegel. Im allgemeinen folgt die Anordnung der Äste einem bestimmten Muster. Der unterste, dickste Ast bildet mit dem Stamm fast einen rechten Winkel. Der zweite Ast steht, etwas höher, dem ersten direkt gegenüber. Die Bonsaispitze ist leicht in Richtung Betrachter gebogen. (Dieses Konzept stammt von traditionellen japanischen Blumengestecken, bei denen sich die Blumen dem Betrachter entgegenstrecken und nicht der Decke oder dem Boden zugewandt sind. Die Stellung des Betrachters gegenüber dem Baum ist von besonderer Bedeutung.) Die Bonsaispitze ist so dicht, daß man die Äste nur schwierig durch das Blattwerk hindurch erkennen kann.

Die frei aufrechte Form hat einen geraden oder leicht gebogenen, sich natürlich nach oben hin verjüngenden Stamm. Die ersten drei Äste haben die gleiche Position wie bei der streng aufrechten Form, mit einem Unterschied: Der unterste Ast ist gegenständig zur Biegung des Baumes ausgerichtet, was die Komposition ausgewogen erscheinen läßt. Die Baumspitze ist leicht dem Betrachter zugeneigt; sie trägt so viele Blätter, daß der Stamm verdeckt wird. Die Baumspitze sollte im Lot über dem Stammfuß liegen.

Die gelehnte Form zeigt einen Baum mit einem einzelnen Stamm und Ästen auf beiden Seiten, der sich deutlich nach einer Seite neigt. In der Natur sieht man solche Bäume häufig am Strand oder an Felswänden, wo starke Winde die Stämme und Äste dergestalt »erzogen« haben.

Die Zahl Drei spielt bei streng aufrechten, frei aufrechten und gelehnten Formen eine bedeutsame Rolle. Die untersten Äste bilden Dreiergruppen. Die Gruppierung beginnt nach einem Drittel der Stammhöhe. Die untersten Äste umgeben den Stamm fast kreisförmig, wobei zwei Äste in verschiedenen Höhen nach vorne weisen. Der dritte Ast steht in einem solchen Winkel zwischen den beiden anderen Ästen, daß es den Anschein erweckt, als ob seine Blätter unter denen der anderen beiden Äste liegen. Auf diese Weise kann man vorne und hinten unterscheiden; dies bildet auch die Grundlage der gesamten Komposition.

Eine Kaskade liegt vor, wenn sich die Baumkrone über die Schalenbasis nach unten neigt. Der Stamm verjüngt sich natürlich und vermittelt den Eindruck, als ob ihn Naturkräfte in Richtung Schwerkraft ziehen. Die Äste scheinen dem Licht zuzustreben. Der gewundene Hauptstamm erinnert an einen Bergbach, der sich den Abhang hinabschlängelt.

Die Halbkaskade neigt sich wie die Kaskade über die Schalenbasis nach unten, sie reicht jedoch nicht über die Unterkante hinaus.

Von diesen fünf Grundformen leiten sich wiederum andere Formen ab.

Dieser wunderschöne gelehnte Stamm aus der Mansei-en-Sammlung in Japan neigt sich deutlich nach links, allerdings weniger stark als andere in dieser Technik gestaltete Bonsai: Traditionell kann der Stamm bis zu 45° von der Vertikalen abweichen. Die Äste rechts unten am Stamm wurden möglicherweise gedrahtet, um die Neigung nach unten einzuleiten, oder sie wurden mit Gewichten beschwert, die die Astspitzen nach unten zogen. Bei diesem Beispiel sieht man deutlich ein weiteres Merkmal des gelehnten Stammes. Die Wurzeln auf der Seite, die der Neigung gegenüber liegen, haben die Erdoberfläche durchbrochen. Es sieht so aus, als habe der Wind den Baum in der Vergangenheit fast entwurzelt. Die nietenförmigen Erhebungen auf der Schale sind ein traditionelles Motiv.

Die »Literatenform«, die hochstilisiert und poetisch ist, zeichnet sich durch einen langen, schlanken Stamm aus, der nur in seinem oberen Drittel einige wenige Äste aufweist.

Der spiralförmig gewundene Stamm ist selten anzutreffen. Es sieht beinahe so aus, als ob sich der Baum um seine eigene Achse windet.

Die Besenform ist sehr eigenartig. Sie zeichnet sich durch viele Äste aus, die in einer bestimmten Höhe in verschiedene Richtungen auseinanderstreben und die Baumkrone bilden. Diese Form erinnert an einen umgedrehten Reisigbesen. Durch die vielen und reich verzweigten Äste nimmt die Krone die Form einer Halbkugel an. Diese Form findet man am häufigsten bei der Zelkove.

Sharis weisen einen geteilten Stamm auf, von dem ein Teil der Rinde entfernt ist.

Jins zeigen einen Stamm mit abgestorbenen, entrindeten Zweigen. Das tote, gebleichte Holz sieht wie natürlich entstandenes Treibholz aus.

Bei der windgepeitschten Form weisen die Krone und alle Äste in eine Richtung. Die Äste sehen so aus, als seien sie ständig dem Wind ausgesetzt. Natürliche Exemplare findet man an windexponierten Stellen.

Der Wurzelstamm weist kräftige, weit aus dem Boden ragende Wurzeln auf, die den Bonsai stützen. Es wird der Eindruck erweckt, als sei der Baum jahrelang rauhem Wind und Wetter ausgesetzt gewesen.

Bei der Stilart »Die Wurzeln« umklammern die nackten Wurzeln einen Stein und wachsen seitlich daran herunter, bevor sie sich in die Erde der Bonsaischale erstrecken und hier im Erdreich wurzeln.

Bei der Pflanzung auf einem Felsen erreichen die Wurzeln nicht die Erde in einer Schale. Sie wachsen in winzige, erdgefüllte Löcher und sind untrennbar mit dem Felsen verbunden.

Die gewundene Form ist entweder durch natürliche Gegebenheiten oder aufgrund genetisch vorhandender Merkmale gewunden. In einigen Fällen ist die Umgebung für diese Art

LINKS: *Juniperus chinensis* 'Sargentii' (Chinesischer Wacholder). Dieser Literatenbonsai aus der Mansei-en Sammlung ist ein dramatisches Beispiel für einen Shari. Es gibt Bonsaifreunde, die das tote Holz in ihren Kompositionen mit Möbelpolitur oder einer Kalkschwefellösung (siehe S. 81) bleichen, um das charakteristische wettergegerbte Aussehen zu erhalten und den ästhetischen Kontrast zwischen dem hellen, toten und dem dunkelbraunen bis rotbraunen, lebenden Holz zu verstärken.

RECHTS: Kyuzo Muratas Pflanzschule in Omiya. Die Waldform wird durch das Vordach beschattet und ist durch das Haus vor Wind geschützt. Der niedrige Tisch, auf dem der Wald steht, spendet den darunter befindlichen Pflanzen Schatten. Der gesamte Bereich ist kürzlich gewässert worden, um den Feuchtigkeitsgehalt der Luft zu erhöhen.

des Wachstums verantwortlich. Bei Bonsai kann man sie aber auch wunderbar künstlich hervorrufen.

Der »Doppelstamm« sieht wie ein Einzelbonsai aus, der an der Basis geteilt ist. In Wirklichkeit handelt es sich um zwei unterschiedlich hohe und dicke Stämme, die eine optische Einheit bilden.

Der »Mehrfachstamm« umfaßt mehrere, unterschiedlich starke Stämme, die aus einem gemeinsamen Wurzelbereich wachsen.

Der »Schildkrötenpanzer« hat einen gemeinsamen Wurzelbereich und einen runden Stamm in Form eines Schildkrötenpanzers, aus dem mehrere Äste wachsen.

Die »Floßform« besteht aus einem einzigen, waagerecht wachsenden Stamm, dessen Äste nach oben erzogen werden. Die ehemaligen Äste entwickeln sich zu eigenen Stämmen, die durch den Hauptstamm miteinander verbunden sind.

Bei der kriechenden Form gehen die Stämme sternförmig von einem gemeinsamen Zentrum aus. Es entsteht der Eindruck, daß die daraus wachsende Baumgruppe aus einzelnen, verwurzelten Bäumen besteht.

Gruppen- und Waldpflanzungen bestehen aus drei, fünf oder mehr Bäumen (manchmal über zwanzig), die in einer einzigen Schale wachsen. Sie stellen einen Wald oder eine Baumgruppe dar, wie man sie auch in der Natur findet. Man vermeidet Symmetrien und verwendet immer eine ungerade Anzahl von Bäumen.

Gemischte Pflanzungen bestehen aus Gräsern, Kräutern und zusätzlichen Pflanzen.

Saikei sind Landschaften mit Bäumen, Sträuchern, Felsen, Moosen und Flechten in jeder beliebigen Zahl und Kombination. Manchmal werden sie durch Bäche, Wasserfälle, Sand und Wasser ergänzt.

Werkzeug für die Formgestaltung

Die meisten Bonsaiwerkzeuge werden heute noch in Japan hergestellt, aber auch im Westen findet man sie problemlos. Wenngleich die Werkzeuge teuer sein können, sollten Sie nur beste Qualität kaufen. Manchmal finden sich für Anfänger zweckmäßige Werkzeugsätze, die letztendlich billiger kommen können als Einzelwerkzeuge. Der Nachteil ist, daß die Auswahl vorgegeben ist und die Werkzeuge möglicherweise gar nicht für den Bonsaityp geeignet sind, mit dem Sie arbeiten wollen.

Anfangs genügt es vermutlich, wenn Sie sich zunächst auf die Basiswerkzeuge beschränken, die Sie in Ihrem Werkzeugsatz finden. Sie können zudem auch normale Gartengeräte verwenden und die Investition in Spezialwerkzeug auf einen späteren Zeitpunkt verschieben, wenn Sie mit der Kunst des Bonsai vertrauter sind. Zu Beginn brauchen Sie folgendes:

- eine scharfe Schere und eine feine Säge für den Schnitt dicker Äste
- eine lange Bonsaischere zum Beschneiden von Blättern und immergrünen Pflanzen
- ein scharfes, steriles Gartenmesser
- einen oder mehrere Eimer zum Mischen von Erde
- Entwässerungsmaterial und Pflanzenerde
- einen stumpfen kleinen Stab (Eßstäbchen sind ideal)
- eine harte Bürste zum Glätten der Erdoberfläche
- eine große Schale, um die Bonsai nach dem Eintopfen darin zu wässern
- einen Drehtisch, auf dem man die Pflanze drehen kann
- Fenstergitter aus Nylon oder Plastik
- eine Schere

Juniperus chinensis 'Sargentii' (Chinesischer Wacholder). Dieser geneigte, 90 Jahre alte Stamm, der in den japanischen Bergen gefunden wurde, ist ein schönes Beispiel für eine lebende Skulptur. Sharis lassen Chinesische Wacholder älter wirken und stellen zu der rotbraunen Rinde einen schönen Kontrast dar. Die rechteckige, erdfarbene, unglasierte Schale ergänzt die Rinde perfekt. Bonsai und Schale sind 86 cm hoch.

- starken Draht aus vergütetem Kupfer, der den Baum im Topf und den Topf auf dem Tisch festzuhalten vermag
- eine Drahtzange
- eine Gießkanne oder einen Gartenschlauch mit feiner Brause
- Moos oder Flechten, frisch, getrocknet oder in Pulverform, oder andere Pflanzen zur Bodenabdeckung
- die Pflanze an sich
- eine passende Schale
- einen kleinen Notizblock für folgende Daten: Wann wurde die Pflanze eingetopft, gedrahtet, beschnitten und gedüngt? Wann hat die Pflanze Blätter ausgetrieben, geblüht, Früchte oder Zapfen ausgebildet.

Überlegungen vor der Formgestaltung

Bevor Sie mit den Schnittmaßnahmen beginnen, sollten Sie Ihren Baum kennen und eine Vorstellung davon haben, wie er später aussehen soll. Sie müssen noch keine Details, sondern nur Grundbaumform vor Augen haben.

Stellen Sie den Baum in Augenhöhe, so daß Sie ihn von allen Seiten betrachten können, ohne sich bücken zu müssen.

Die Erziehung eines Bonsai ist von der Grundüberlegung her gesehen ein logischer Prozeß. Kennzeichnen Sie zunächst die Stelle mit Kreide, an der Sie ansetzen wollen. Dies mag zwar unnötig erscheinen, aber Sie können beim »Erdenken eines Baums« auch einmal den Faden verlieren. Wenn Sie sich mit dem Baum vertraut machen, hilft die Kreidelinie dabei, den Ausgangspunkt zu definieren. Drehen Sie den Baum ein Stückchen nach rechts und wiederholen Sie dies so oft, bis Sie den ganzen Stamm und die Äste betrachtet haben und bis der Baum wieder seine Ausgangsposition erreicht hat.

Beim Betrachten der Pflanze (das ist übrigens der Zeitpunkt, an dem viele Bonsaifreunde hin- und herschwanken) ist es hilfreich, wenn Sie vor den jeweiligen Ast vorsichtig ein einfarbig braunes Stück Papier halten. Wenn der Ast verdeckt ist, kann man leichter beurteilen, ob er die gesamte Form des Baums unterstützt oder ihr abträglich ist. Auf diese Weise können Sie sich besser vorstellen, wie der beschnittene Baum aussehen wird.

Ein ruhiger Hintergrund ist ebenso hilfreich, da bei der Beurteilung keine optischen Faktoren stören. Ein schlichter Hintergrund, z. B. eine Haus- oder Garagenwand oder ein Stück braunes Packpapier hinter dem Tisch, sind geeignet.

Bedenken Sie, daß jeder Baum eine Vorder- und Rückseite sowie zwei Seiten hat. Sie sollten immer von vorne auf ihn schauen, außer natürlich, wenn Sie daran arbeiten.

Die Festlegung der jeweiligen Seiten ist oft bereits durch die Pflanzenart und deren Wachstumsweise vorgegeben. Manchmal jedoch ist es nicht eindeutig. Im allgemeinen verjüngt sich die Vorderseite eines Baumstamms schöner als die anderen Seiten. Sofern der Stamm gebogen ist, sollte die Biegung von rechts nach links oder von links nach rechts, jedoch nie nach vorne verlaufen. Außerdem befinden sich auf der Vorderseite die schönsten Astlinien. Von hier aus sieht man auch die Wurzelstruktur am besten. Betrachten Sie zum Vergleich ausgewachsene Freilandbäume, wenn Sie sich unsicher sind, welche Baumseite nach vorne gehört. Setzen Sie den Baum eventuell in ein Übergangsbeet, bis Sie instinktiv »wissen«, welches die Vorderseite ist.

Sehr junge Pflanzen bieten viel mehr Möglichkeiten als ältere, bereits geformte Bäume.

Wenn Sie anfangs zunächst mit erwachsenen Bäumen arbeiten, entfallen viele quälende Fragen: Welche Äste sollen erhalten und welche entfernt werden? Soll der Bonsai streng oder frei aufrecht wachsen? Wollen Sie junge Sämlinge verwenden, müssen Sie den fertigen Bonsai bereits vor Ihrem geistigen Auge sehen, bevor Sie mit der Gestaltung beginnen.

Es kann lange dauern, bis ein Bonsai Ihrem künstlerischen Anspruch gerecht wird. Während es manche nie tun, erreichen es andere auf wundervolle Weise. Da die Kunst des Bonsai für ungeduldige Menschen schwierig ist, kann man die Zeit verkürzen, indem man ein paar Bonsai aus älteren Pflanzen zieht. Graben Sie hierfür wuchernde, oft vernachlässigte Pflanzen aus, und ersetzen Sie diese durch andere passende Sorten, die größenmäßig besser zu Ihrem Haus passen. Einem erfahrenen Bonsaikenner ist nichts heilig – jede Pflanze ist ein potentieller Bonsai.

Es ist auch hilfreich, zunächst mit billigem oder kostenlosen Material zu arbeiten, selbst wenn es nicht besonders gut geeignet ist. Daran kann man üben und Erfahrungen beim Schnitt sammeln. Hiermit läßt sich sorgloser arbeiten, da man nichts von echtem oder potentiellem Wert zerstört.

Wie man schneidet

Konkavschnitte heilen rascher als andere. Zum Beschneiden von Hauptästen sollten Sie daher eine japanische Konkavzange verwenden. Sie können andernfalls einen flachen Schnitt ausführen und anschließend mit einem scharfen Gartenmesser eine Vertiefung in die Rinde schneiden, so daß die Wundränder fließend in den Stamm übergehen. Behandeln Sie Nebenäste genauso.

Wenn Sie beim Schneiden von Ästen den Schnitt direkt

Der richtige Astschnitt

1. Nach dem Astschnitt muß oft ein toter Stumpf entfernt werden. Verwenden Sie möglichst eine gebogene Astschere; sie ist in verschiedenen Größen erhältlich.

2. Sie können ein Wundverschlußmittel auftragen, um die Heilung zu beschleunigen; die Wunde heilt in der Regel auch ohne dieses problemlos.

3. Konkave Schnitte verheilen flach, da das Kambium einen Kallus bildet. Flache Schnitte bilden hingegen bei der Heilung eine leichte Ausbuchtung.

über einem Knoten leicht schräg zur Längsachse des Triebes ausführen, verheilen die Wunden schneller und die Narben sind kaum oder gar nicht sichtbar.

Große Äste entfernt man am besten mit einer Säge oder einer japanischen Zange (Kuikiri). Bringen Sie zunächst einen kleinen Schnitt an der Unterseite des Astes an, und zwar möglichst nahe am Stamm oder am Astende. Sägen Sie anschließend den Rest des Asts von oben nach unten durch. Ziehen Sie sanft am Ast, wenn er beim Zusammentreffen beider Schnitte nicht nachgibt. Er wird sich vom Hauptast oder Stamm lösen, ohne daß der restliche Baum dadurch Schaden nimmt. Setzen Sie andernfalls eine Kuikirizange am Ast an, durchschneiden Sie die Rinde mit drehenden Bewegungen, bis Sie auf das Holz stoßen. Schneiden Sie nun den Ast vollständig durch.

Schneiden Sie größere Wunden mit einem Gartenmesser so aus, daß sie sich an beiden Enden verjüngen. Diese Maßnahme beschleunigt die Heilung. Bei sehr großen Wunden schneiden Sie zuerst die Ränder und dann die gesamte Wunde aus, so daß sie in der Mitte spitz, fast pyramidenförmig zuläuft. Im Laufe des Heilungsprozesses wächst ein Kallus zur Spitze hin und bildet eine glatte, flache Oberfläche.

Schnittmaßnahmen

Schnittmaßnahmen sind für die Kunst des Bonsai unverzichtbar.

Kann man alleine durch den Schnitt erreichen, daß die Pflanze graziös, standfest, individuell und alt wirkt? Dies ist grundsätzlich möglich, würde jedoch deutlich mehr Zeit, Geschick und Geduld erfordern, als die meisten Menschen aufbringen könnten. Aus diesem Grund verwenden die meisten Bonsaigärtner Hilfstechniken, um ihr Ziel zu erreichen. Mit Hilfe dieser traditionellen Methoden, die sich auf eine lange Erfahrung gründen, wird das Wachstum korrigiert, gefördert, gebremst oder in eine andere Richtung geleitet. Die Schnittmaßnahmen umfassen verschiedene Formen des Gehölzeschnittes.

Größere Schnittmaßnahmen sollten in der Hauptwachstumsperiode des Baums stattfinden, wenn er sich regeneriert und feine Asttriebe bildet. Der Schnitt der Äste hat eine feine Verzweigung zur Folge. Auf diese Weise kann man den Baum allmählich in eine Form bringen, bei der der Stamm im passenden Verhältnis zu Ästen und Blättern steht und sich Blüten oder Beeren in einer angemessenen Größe finden.

Die beiden grundsätzlichen Schnittmaßnahmen dienen der Gestaltung von Obst- und Zierbäumen und der Gestal-

Das Entfernen der Knospen

1. Entfernen Sie bei laubwechselnden Pflanzen alle neuen Knospen, die von der Gesamtform ablenken, wenn sie ungehindert wachsen würden.

2. Neue Triebe sollten bei Nadelgehölzen (z. B. Wacholder) nie geschnitten werden. Halten Sie den unerwünschten Trieb mit einer Hand.

3. Zupfen Sie ihn mit den Fingern der anderen Hand ab; dies fördert die Nadelproduktion.

tung anderer Gehölze. Zier- und Obstbäume tragen im allgemeinen an den Trieben des Vorjahrs Blüten und Früchte. Junge Triebe sollten deshalb nahe der Astbasis entfernt werden, wobei ein bis zwei Knospen stehenbleiben, damit die Blüte in der nächsten Vegetationsperiode gewährleistet ist. Ohne jegliche Schnittmaßnahmen würde die Pflanze ihre Energie vorrangig in die Triebspitzen stecken statt in die restlichen jungen Knospen und Triebe. Folglich würden die Triebspitzen nahezu unverzweigt weiterwachsen, während das Wachstum der dahinterliegenden Knospen unterdrückt würde.

Wird hingegen die Triebspitzenknospe entfernt, werden die anderen Knospen besser versorgt und treiben aus. Hierdurch entstehen dickere, gesündere Triebe. Auch die Verzweigung wird durch diese Maßnahme gefördert; es entstehen zahlreiche feine Ästchen und somit ein Bonsai in richtiger Größe und Proportion. Gleichzeitig benötigt der Baum weniger Nährstoffe, die Luftzirkulation und der Lichteinfall sind verbessert. Das Entfernen der Triebspitzen ist also notwendig, um die Gestalt des Baums zu verbessern und die Entwicklung von Blättern und Holz, Zapfen und Früchten zu fördern.

Das Entfernen der Triebspitzen fördert auch eine üppige Nadelproduktion. Ein Teil der neuen, kerzenartigen Triebe an den längeren Ästen und einige der kürzeren Triebe sollten eingekürzt werden. Dies erfolgt mit der Fingerkuppe: Man hält den unteren Teil der Kerze zwischen den Fingern einer Hand und dreht mit den Fingern der anderen Hand die Hälfte bzw. ein Drittel der Kerzen heraus. Hierdurch wird einerseits ein übermäßiges Wachstum des Astes verhindert und andererseits die Nadelproduktion gefördert.

Das Einkürzen der Kerzen sorgt dafür, daß die Triebe rasch dicker werden und der Schnitt mit der Schere, der immer Narben hinterläßt, unnötig wird. Bei vielen beliebten Baumsorten müssen die Triebspitzen sofort nach ihrem Erscheinen entfernt werden.

Auch bei laubwechselnden Bäumen sollten die jungen Triebe entfernt werden und nur ein oder zwei Knospen in der Nähe der Ast- oder Stammbasis stehenbleiben. Hierdurch treiben neue zarte Zweige aus. Es bildet sich ein reichlich verzweigtes Astwerk.

Unerwünschte Knospen, die spontan am Stamm oder den Hauptästen erscheinen, sollten entfernt werden, sofern sie nicht eine kahle Stelle bedecken oder sich zu einem Ast entwickeln, der benötigt wird.

Natürlich müssen einige Punkte beachtet werden. Die Triebspitzen frisch beschnittener und umgetopfter Bonsai sollten erst entfernt werden, wenn sich die Pflanzen wieder erholt haben. Außerdem muß der Schnitt zum richtigen Zeit-

Wie man schneidet

1. Warten Sie bei immergrünen Pflanzen, bis die Triebe ausgehärtet sind. Der Schnitt ist an der Ansatzstelle neuer Triebe kaum sichtbar.

2. Dieser Baum muß eindeutig geschnitten werden. Verwenden Sie lange Bonsaischeren und schneiden Sie bis auf Triebe, die in die von Ihnen gewünschte Richtung wachsen.

3. Nach dem Schnitt ist die Grundform des Baums erneut sichtbar. Diese Technik ist bei laubwechselnden Bäumen anzuwenden.

punkt und mit der richtigen Technik erfolgen, die sich von Baum zu Baum unterscheiden können.

Wenn ein junger Trieb kräftig gestutzt wird, bilden sich neue Triebe im rechten Winkel zum alten, so daß der Ast in eine neue Richtung wächst. Wird im darauffolgenden Jahr die Spitze entfernt, wächst der nächste Trieb erneut in die entgegengesetzte Richtung. Somit entsteht ein Geflecht aus abwechselnd nach rechts und links wachsenden Ästen. Der Baum wird dadurch luftig und entwickelt knorrige, dicke Zweige, die für alte Bäume typisch sind.

Da man den Großteil des Stammes und der Aststruktur sieht, wird das erwünschte Gefühl von Alter, Grazie und Standfestigkeit vermittelt.

Formgebung

Ein neuer Bonsai braucht häuftig einen umfassenden, manchmal sogar drastischen Schnitt, damit die Wachstumsrichtung bei Bedarf festgelegt wird.

Manche Leute empfinden diese Gestaltungsmaßnahmen als unnatürlich. Aber das Gegenteil ist der Fall: Mit ihrer Hilfe kommen die besten Seiten eines Baumes zur Geltung; gleichzeitig wird vermieden, daß fatale, jedoch unvermeidliche Unfälle ihren Tribut fordern. Es ist eine Tatsache, daß die meisten Bonsai viel gesünder sind als die Bäume, die ihrem Schicksal überlassen werden. Man sollte sich stets vor Augen halten, daß das Wachstum neuer, gesunder Triebe durch Schnittmaßnahmen gefördert wird. Ebenso sorgen der Wurzelschnitt für neues Wurzelwachstum und das Entfernen der Triebspitzen für die Ausbildung neuer Triebe an der Baumspitze.

Wenn man einen Baum in der Natur betrachtet, beeindrucken zuerst sein Stamm und dann sein Astwerk. Stamm und Äste sind auch die Merkmale, die am meisten Raum einnehmen und den Anfänger am ehesten einschüchtern können. Es ist hilfreich, zunächst an billigem oder kostenlosem Material zu üben. Suchen Sie nach einem Stamm, der an der Basis einen größeren Umfang hat als im oberen Bereich und sich zur Spitze hin deutlich verjüngt. Entfernen Sie nach Möglichkeit Äste, die von der angestrebten Form ablenken. Studieren Sie Photographien und Illustrationen von ähnlich geformten Bäumen. Planen Sie anschließend, wie Sie bei Ihrem Baum vorgehen wollen.

Ungeachtet der Formgebung hat jeder Baum einen »Haupttrieb«. Selbst wenn Ihr Baum zwei Haupttriebe aufweist (z. B. beim Doppelstamm), wird einer davon kräftiger und höher sein als der andere. Sie können einen Stamm entfernen, wenn Sie keinen Doppelstamm wollen. Wenn zwei oder drei Stämme nebeneinander stehen und kein reizvolles Bild ergeben, können Sie alle bis auf den Hauptstamm entfernen.

Konzentrieren Sie sich auf die Äste, sobald der Hauptstamm feststeht. Entfernen Sie tote Äste, sofern sie bei der endgültigen Formgebung keine entscheidende Rolle spielen. Schneiden Sie Äste heraus, die übermäßig lang sind, sich kreuzen, in die Baummitte wachsen oder der Form schaden. Schneiden Sie an der Astbasis, möglichst nahe am Stamm. Von einem sehr gesunden Ast, der austreiben könnte, sollte ein kleines Stück am Baum verbleiben und während der Wachstumsperiode ständig reduziert werden. Auf diese Weise verhindern Sie das Entstehen eines neuen Triebs.

Entgegen der gängigen Meinung ist die Ruhezeit für den Bonsailiebhaber eine aktive Phase, da er in dieser Zeit den Baum schneiden kann, ohne ihm Schaden zuzufügen. Wählen Sie einen nicht allzu kalten Tag. Entfernen Sie die kurzen Aststücke, die Sie an der Astbasis belassen haben. Schneiden Sie überflüssige Äste aus dichten Bereichen heraus.

Es ist eine wichtige und kritische Zeit für die Formgebung von Zier- und Obstbäumen. Achten Sie darauf, daß die Blüten regelmäßig verteilt sind und die Blütenzahl an allen Ästen gleichmäßig ist.

Im Gegensatz zu ausgewachsenen, immergrünen Pflanzen können selbst erwachsene, laubwechselnde Bäume drastische Umgestaltungen überleben. Der Grundschnitt sollte bei immergrünen Pflanzen erfolgen, wenn sie jung und biegsam sind. Formkorrekturen können zusätzlich durch Drahten (siehe S. 82–85), Entfernen der Knospen und Formschnitt erfolgen.

Man schneidet den Ast einer immergrünen Pflanze oberhalb eines Knotens, der unbedingt stehen bleiben sollte. Das verbliebene Aststück sollte flach zum Stamm geschnitten werden. Verwenden Sie bei Bedarf ein scharfes Gartenmesser für den letzten Schliff.

Sie können einen jungen Ast zum Wachstum an einer kahlen Stellen anregen, indem Sie die anderen Äste am Baum zurückschneiden. Beobachten Sie ihn genau, bis Sie austreibende Knopsen entdecken. Überlegen Sie, welches Auge einen Ast an der richtigen Stelle liefern könnte; entfernen Sie anschließend alle anderen treibenden Knospen, damit die gesamte Energie dem vorgesehenen Spoßabschnitt zukommt.

Einige Vorsichtsmaßnahmen sind notwendig, um die Erfolgschancen zu verbessern. Stellen Sie vor dem Schnitt sicher, daß der Baum gesund ist, wenn Sie nicht nur die Entfernung von krankem oder totem Holz planen. Der Schnitt ist ein schwerwiegender Eingriff, und nur gesunde Pflanzen verfügen über genügend Kraft zur Wundheilung.

Man sollte Material bevorzugen, das möglichst wenig Erziehungsmaßnahmen braucht, um ein schöner Bonsai zu werden; dies ist jedoch nicht immer gegeben und bezahlbar. Gelegentlich werden Sie Pflanzen finden, die eine Herausforderung für Sie bedeuten. Vielleicht weisen Stamm, Äste oder Wurzeln einen größeren Fehler auf. Geben Sie nicht auf: Arbeiten Sie mit dem Baum, wenn er Ihnen gefällt. Wenn Sie ihn richtig schneiden, drahten und versorgen, sollten sich die Mängel beseitigen lassen.

Schließlich ist es das Ziel des Schnitts, aus dem Baum ein besonders schönes Exemplar seiner Art zu machen, also die besten natürlichen Merkmale des erwachsenen Baums hervorzuheben.

Lassen Sie sich von der Pflanze selbst inspierieren und streben Sie danach, daraus eine ideale Miniaturform zu schaffen.

Jins

In der Natur geschieht oft Unerwartetes: Ein Baum kann vom Blitz getroffen werden, umstürzen und einen Ast oder die Triebspitez des benachbarten Baums mitreißen. Ein Ast kann welken, plötzlich ohne jeden Grund absterben und totes, manchmal knorriges Holz hinterlassen. Dieses Element eines Bonsai nennt man Jin.

Auch dieser Teil der Natur gehört zum Leben. Aus diesem Grund haben Bonsailiebhaber gelernt, wie sie dieses Phänomen künstlich erzeugen können.

Bevor man mit der Gestaltung eines Jin beginnt, muß man zuerst einige Fragen beantworten: Ist der fragliche Baum vom künstlerischen Standpunkt aus gesehen für diese Technik geeignet oder nicht? Fühlen Sie sich kompetent genug, um aus einem geeigneten Kandidaten einen Jin zu gestalten?. Die meisten Jins entstehen, wenn ein Baum drastisch beschnitten wird, d. h. seine Höhe reduziert oder ein großer Ast gekürzt werden müssen.

Hierzu benötigen Sie folgendes Werkzeug: Eine Schere zum Einschneiden der Rinde und Entfernen der Astspitzen; von hier aus wird die Rinde bis auf das nackte Holz abgelöst; eine Schere oder Säge zum Schneiden des Astes, der zum Jin wird; eine kleine Zange zum Festhalten des Astes und zum Abziehen der Rinde (es gibt auch Jin-Spezialzangen, für den Anfänger genügt aber eine normale Zange).

Für Jins bestens geeignet sind immergrüne Pflanzen, zum Beispiel Wacholder, Eiben, Tannen, Kiefern, Fichten und Zedern. Die Äste der meisten Koniferen sterben von selbst ab, und ihre Rinde löst sich, wenn man alle Nadeln entfernt. Bei laubwechselnden Bäumen (außer bei Eichen) wird die Jin-Technik hingegen selten angewandt.

Beginnen Sie mit dem Haupttrieb. Drehen Sie den Baum so, daß seine Rückseite zu Ihnen zeigt. Schneiden Sie den Hauptast zur Hälfte durch, packen Sie ihn an der Spitze, biegen Sie ihn in die entgegengesetzte Richtung, bis er bricht und ein knackendes Geräusch zu hören ist. Nun drehen Sie den Baum herum. Vermutlich hängt die abgeknickte Spitze mitsamt Rinde und einigen Fasern noch am Stamm. Jetzt müssen Sie die Spitze packen, nach unten ziehen und vollständig abreißen.

Durch dieses Nach-unten-Reißen lösen sich zusätzlich

Gestaltung eines Jin

1. Die Spitze dieser Mädchenkiefer (*Pinus parviflora*) ist abgestorben, weil die Drähte nicht rechtzeitig entfernt wurden. Man kann sie als Jin gestalten und bleichen, statt sie abzuschneiden. Entfernen Sie alles unerwünschte Holz mit einer Astschere.

2. Entfernen Sie mit einem scharfen, sterilen Messer die Rinde und die Kambiumschicht des verbleibenden Astes. Der Jin verleiht dem Baum sofort ein ehrwürdiges Aussehen.

Rinde und Fasern vom Baum. Dieses zerrissene, formlose Aussehen ist erwünscht und vermittelt den Eindruck, als sei die Natur hierfür verantworlich und nicht der Mensch.

Da der anfängliche Schnitt jedoch sichtbar bleibt und sehr unnatürlich wirkt, müssen Sie kleine Stückchen aus der glatten Kerbe herausschneiden oder -ziehen, um die Manipulation zu kaschieren.

Schneiden Sie mit einer Astschere einen senkrechten Schlitz in die glatte Schnittfläche, packen Sie anschließend das verbleibende Stück Holz mit der Zange und ziehen Sie es gerade bis zu einem lebenden Ast nach unten.

Schneiden Sie rechts und links neben dem Jin kleine Partikel aus dem oberen Stück; ziehen Sie diese mit der Zange nach unten, bis sie sich vom Baum lösen.

Beim Schälen sollten Sie dem natürlichen Verlauf der Holzmaserung folgen, so daß das lebende Material rechts und links davon intakt bleibt. Sie müssen die Kambiumschicht zwischen Rinde und Holz und die Innenschicht der Rinde gleichermaßen entfernen, so daß das Kernholz sichtbar wird.

Auf diese Weise wird der flache Schnitt allmählich oben kleiner und spitzer. Wenn man dieses Verfahren ständig wiederholt, erhält man schließlich eine sich verjüngende Spitze. Zu diesem Zeitpunkt können sie entscheiden, ob Sie entweder den Schälvorgang beim nächsten lebenden Ast beenden oder ihn eventuell bis zur Stammbasis oder sogar bis zu einer Wurzel fortzusetzen.

Wenn Sie jedoch einen normalen Ast statt des Haupttriebes als Jin gestalten wollen, sollte dieser völlig kahl sein und wie abgestorben aussehen. Es sieht natürlicher aus, wenn Sie auch an jener Stelle ein wenig Rinde entfernen, an der der Ast aus dem Stamm wächst. Dies soll darauf hinweisen, daß der Baum darum gekämpft hat, den Ast zu retten.

Säubern Sie den Stamm oder Ast von allen Seiten mit einer Drahtbürste und entfernen Sie damit den letzten Rest des Kambiums, wenn Sie genügend Rinde entfernt haben und die gewünschte Menge toten Holzes sichtbar ist. In Bonsaibaumschulen sind elektrische Drehbürsten erhältlich. Sie können aber auch eine geeignete Handbürste verwenden.

Im Sommer empfiehlt es sich, den Jin mit Schwefelkalk gegen Fäulnis zu behandeln. Wählen Sie einen heißen, sonnigen Tag, an dem Blätter und Holz völlig trocken sind. Decken Sie den Rest des Baums (also Äste, Stamm, Wurzeln und Boden) mit wasserdichtem Material ab (dünne Plastik- oder Alufolie, wasserabweisendes Gewebe). Vermischen Sie ein wenig Schwefelkalkpulver mit Wasser, so daß eine dicke Paste entsteht. Tragen Sie die Paste mit einem kleinen, spitzen Pinsel auf den Jin auf; sie darf nicht auf benachbarte Pflanzen tropfen. Nach dem Auftragen bildet sich eine weiße Schicht

GEGENÜBERLIEGENDE SEITE:
Juniperus rigida
(Igelwacholder).
Dieser Mehrfachstamm steht in der Mansei-en-Sammlung. Das künstlerische tote Holz windet sich um die zwei Hauptstämme. Einige kürzere Äste wurden als Jin gestaltet. Die kurzen, spitzen, leuchtendgrünen Nadeln bilden einen schönen Kontrast zum Treibholzeffekt. Nadelwacholder sind immergrün. Ihr Nadelwerk hat im Winter eine schöne grünbronzene Färbung.

auf dem Holz, die schließlich verblaßt, verschwindet und dem Holz ein natürliches Aussehen verleiht.

Eine stärkere Wirkung erzielen sie, wenn sie den Prozeß zweimal – am Sommeranfang und am Sommerende – an besonders heißen Tagen wiederholen. Wiederholen Sie dies in zwei aufeinanderfolgenden Jahren sowie stets bei bestehender Gefahr der Fäulnis.

Altern

Es gibt verschiedene Elemente, die einem Baum ein altes Aussehen verleihen. Wenn Sie ein hohes Alter bei einem jungen Baum vortäuschen wollen, müssen Sie diese Elemente kennen.

Unberührte Bäume, auf die nie ein Mensch Zugriff hatte und die nie mit Pflanzenschnitt und technischem Fortschritt in Berührung gekommen sind, würden völlig anders aussehen als Bäume, die man heutzutage findet.

Vermutlich würden die Äste am unteren Viertel des Stammes wegen mangelnden Lichts ganz fehlen oder wären abgestorben. Die Äste würden nach oben zu immer kürzer, die kürzesten befänden sich an der Baumspitze; insbesondere ein immergrüner Baum würde eine üppige Krone aufweisen; die Rinde würden zahlreiche Narben zeigen, die Hirsche, Rehe oder fallende Bäume verursacht haben. Zapfen oder Beeren würden an den Ästen hängen, und flache Wurzeln würden vermutlich weit über das Erdreich ragen. Es ist vielleicht noch wichtiger, daß ein großer, dicker, sich nach oben hin verjüngender Stamm dieses gesamte Mini-Ökosystem, also all diese Äste, Zapfen, Früchte, ja selbst Vogelnester, durch Stürme, Wind und wechselnde Temperaturen getragen hat.

Der Stamm ist es, den der Bonsaigärtner nachzuformen versucht, wenn er die Illusion des Alters bei einem jungen Baum vermitteln möchte. Der Schnitt ist hierbei außerordentlich wichtig. Ein wiederholtes Beschneiden in den Erziehungsjahren kann alle Merkmale eines alten Baums suggerieren. Bei einem jungem Baum, der ungestört im Garten wächst, wird dies vielleicht niemals der Fall sein, da die Zivilisation oder die Natur es nicht zulassen.

Eine alte Technik besteht darin, die Merkmale durch wiederholten Schnitt der oberen Triebe hervorzuheben. Wenn man diesen Prozeß wiederholt, wird der Stamm allmählich dicker und sieht furchig und knorrig aus. Man erreicht eine Verjüngung des Stammes, wenn einige der neuen Knospen entfernt und ein anderer, schlankerer Haupttrieb senkrecht erzogen werden.

Wird der Baum wiederholt gedrahtet und wird jedesmal ein schlankerer Haupttrieb gewählt, erreicht man die nötige Verjüngung, die ein Gefühl von Alter vermittelt. Ohne diese Maßnahme wäre ein solches Aussehen nach so kurzer Zeit undenkbar.

Junge und alte Pflanzen werden unterschiedlich behandelt. Bei jungem Material sollte man die Äste so lange wachsen lassen, wie es für den Baum und seine angestrebte Form notwendig ist. Nachdem die jungen Triebe ausgeschlagen haben, sollten sie ausgewertet und beschnitten werden. Wenn man bei altem Material die neuen Triebe früh beschneidet, wird dadurch das Wachstum übermäßig gebremst.

Eine wirksame Methode, um die Stämme junger und alter Bäume zu verdicken, besteht darin, den Baum für einige Monate, manchmal sogar für Jahre, in ein Erziehungsbeet zu setzen. In dieser Zeit wird er in jeder Hinsicht wie ein Bonsai behandelt. Seine Wurzeln und die Krone werden zur rechten Zeit beschnitten, er wird gegossen und gedüngt. Man kann auch die Wurzeln so beschneiden, daß sich keine Pfahlwurzeln, sondern dünne Nährwurzeln bilden. Wenn der Baum von dem vorgegebenen Wachstumsschema abweicht, kann man dem durch Drahten begegnen. Im Grunde wird ein solcher Baum genau behandelt wie ein Topfbonsai, mit einer Ausnahme – alle unteren Zweige verbleiben am Baum. Je mehr untere Zweige vorhanden sind, desto mehr Triebe bilden sich an der Spitze und desto mehr Blätter entstehen. Im gleichen Maße wird der Stamm dicker, um all dies zu tragen, was ihn ganz sicher älter wirken läßt.

Man unterstützt dieses Aussehen noch, imdem man einen Jin gestaltet. Wenn der Jin nicht aus dem Haupttrieb gestaltet werden kann, greifen manche Bonsaifreunde auf einen aus dem Stamm wachsenden Hauptast zurück. Sie entfernen einen Großteil der Rinde und lassen einen zerklüfteten Stumpf stehen, der eine Illusion von Verwitterung, Zerstörung oder Blitz hervorruft.

Drahten und Verwendung von Spannhilfen

Es gibt drei Gründe dafür, Bonsai während der Erziehung zu drahten. Man möchte den Bonsai in eine Form bringen, die auch erhalten bleibt, wenn die Drähte entfernt werden. Oder man möchte den Bonsai in seinem Topf verankern. Der dritte, seltenste Grund ist die Befestigung der Bonsaischale an ihrem Standort.

Gestaltung durch Drahten

Durch Drahten wird die Pflanze so manipuliert, daß sie die Position einnimmt, die für den Baum als Ideal gilt. Dies be-

Das richtige Drahten

1. Verankern Sie den Draht zunächst im Wurzelballen. Umwickeln sie den Stamm; halten Sie nach Möglichkeit einen 45-Grad-Winkel zum Stamm ein.

2. Sie können zwei Äste so drahten, daß der eine Ast auf den anderen Druck ausübt. Je dünner der Ast ist, desto dünner sollte der Draht sein.

3. Der Baum verliert sein buschiges Aussehen, sobald der Draht fixiert ist. Entfernen Sie die Drähte, bevor sie in den Stamm oder die Äste einschneiden.

trifft Stamm, Wurzeln, Äste und Zweige gleichermaßen – im Prinzip jeden wachsende Bereich des Baums. Neben dem Schnitt ist das Drahten die am weitesten verbreitete Technik zur Formgestaltung. Sie wird auch zur Formerhaltung eingesetzt, um Zweige zu manipulieren, die andernfalls die gewählte Form beeinträchtigen würden.

Der Baum sollte vor dem Drahten gedüngt und anschließend gründlich gegossen werden.

Die verwendete Technik ist – unabhängig vom Ausmaß des Drahtens – immer die gleiche. Zunächst bewertet man den Baum optisch und stellt seine Bedürfnisse und sein Wachstumsmuster fest. Anschließend skizziert man die gewünschte Form und bewertet den Baum daraufhin erneut. Erst dann sollte man mit dem Drahten beginnen.

Man verwendet hierfür vergüteten Kupferdraht. Da man die Pflanze wie eine Skulptur umwickelt, muß er biegsam und gleichzeitig starr sein. Im Handel ist Draht in den Stärken 0,5–6 mm in einer Abstufung von jeweils 0,5 mm erhältlich, so daß man für jede Holzstärke die passende Drahtstärke auswählen kann. 5 mm starker Draht eignet sich für Stämme und dickere Äste, 2 mm starker Draht ist ideal zum Drahten junger Triebe. Als Faustregel gilt: Der Draht sollte im Durchmesser etwa ein Drittel des Durchmessers des betreffenden Stammes oder Astes haben.

Draht aus der Bonsaibaumschule ist in der Regel vergütet, man sollte aber dennoch nachfragen. Draht aus dem Haushaltsgeschäft oder Bastelgeschäft kann nachträglich vergütet werden. Legen Sie den Draht entweder auf- oder abgewickelt bei geringer Hitze auf eine Gas- oder Elektroplatte oder einen Gartengrill. Wenn sich das Kupfer erhitzt, ändert sich seine Farbe von leuchtend kupferfarben zu kirschrot. Je dicker der Draht, desto länger dauert die Vergütung. Beim Abkühlen ändert sich der Farbton zu einem stumpfen Rot. Lassen Sie den Draht abkühlen, lagern Sie ihn in der Form, in der er vergütete wurde, an einem kühlen Ort; Sie können ihn auch locker um einen kleinen Holzklotz wickeln.

Biegen Sie den Stamm oder Ast einige Male sanft in Richtung seiner zukünftigen Form, bevor Sie mit dem Drahten beginnen. Wenn das Holz nicht biegsam genug ist, bringen einige Bonsaigärtner einen kleinen Schnitt an jener Stelle an, an der der Stamm oder Ast gebogen werden soll. Meist ist es jedoch nicht nötig. Es empfiehlt sich, den Draht von der Spule zu wickeln. Da er bereits leicht gebogen ist, kann man einfacher beurteilen, wieviel Draht man für die geplante Arbeit benötigt. Rechnen Sie für einen Ast mittlerer Dicke mit einer Länge von circa 30 cm weitere 22–30 cm hinzu, um den Ast voll abzudecken. Sollten Sie Zweifel haben, verdoppeln Sie die Drahtlänge. Legen Sie Draht, Drahtzange, Blumenkrepp zum Umwickeln des Drahtes, ein paar kleine Gummistückchen, Blumenbast, eine Schraubzwinge oder eine Metallstange bereit. Entfernen Sie anschließend alle abgestorbenen oder störenden Pflanzenteile.

Wie man drahtet

Nach dem Entfernen der unerwünschten Zweige stecken Sie den Draht in einem 45-Grad-Winkel möglichst tief in die Erde. Winden Sie den Draht diagonal spiralförmig nach rechts bzw. links um den Stamm. Achten Sie darauf, daß der Draht weder in die Rinde drückt und dort bleibende Spuren hinterläßt noch nach oben oder unten verrutscht.

Umwickeln Sie eine weiche oder geschwächte Rinde zunächst mit Blumenkrepp.

Die Drahtung beginnt bei der Stammdrahtung am Stammende und erfolgt von unten nach oben; die einzelnen Windungen sollten in einem Winkel von 45 Grad zur Waagerechten angelegt werden. Nur auf diese Weise können Sie sicherzustellen, daß die Äste richtig plaziert und der Stamm sich nach ihren Vorstellungen neigt.

Halten Sie das freie Drahtende in der einen Hand; mit der anderen Hand wird der Draht beim Winden gesichert und geführt. Gleichzeitig kann man den Stamm an den betreffenden Stellen in die gewünschte Form biegen. Korrigieren Sie anschließend die Astwinkel, indem sie die Äste langsam in die Richtung drehen, in welcher der Draht verläuft, oder indem Sie beide Daumen auf die innere Linie der Biegung legen und sie nach außen drücken.

Wenn Sie lediglich einen Ast drahten wollen, können Sie das Drahtende um den Stamm oder den Draht aus der vorhergehenden Stammdrahtung anschließend um den fraglichen Ast wickeln. Lassen Sie ein wenig Kupferdraht über das Astende hinausragen und biegen Sie ihn hinter der Spitze herunter. So erhalten Sie einen Griff, mit Hilfe dessen Sie den Draht zu gegebener Zeit wieder entfernen können (man entfernt sehr dicken Draht am besten stückchenweise).

Manchmal lassen sich zwei Äste mit einem langen Stück Draht gleichzeitig erziehen – wenn etwa der eine Ast beim anderen die nötige Hebelwirkung erzeugt. Beginnen Sie an der Astgabel und biegen Sie den Draht wie eine Haarnadel. Umwickeln Sie die Verzweigung mit Draht. Anschließend umwickeln Sie den unteren Ast mehrmals mit der einen Seite der »Haarnadel«. Umschlingen Sie den oberen Ast einige Male mit dem anderen, freistehenden Ende. Wenn Sie so mit dem Drahten beider Äste begonnen haben, können Sie das Drahten des unteren und anschließend des oberen Astes vollenden. Beide Äste erhalten auf diese Weise einen guten Halt.

Die Form eines dickeren Stammes läßt sich schwerer verändern. Umwickeln Sie zunächst den Stamm mit Gartenbast, um ihn vor Verletzungen zu schützen. Legen Sie dicken Kupferdraht der Holzmaserung nach auf den Stamm. Nun umwickeln Sie den Stamm mit einem dünnen Draht. Die ursprünglichen Drähte werden zusammengehalten und lassen sich alle in gleichem Maße biegen, wodurch sich die aufgebrachte Kraft verdoppelt. Anschließend verfahren Sie wie gewohnt, indem Sie den Stamm sanft in Richtung Drahtwickelung drehen und in die gewünschte Form biegen.

Der Erfolg der Drahtung hängt zwar von der Stammdicke ab, Bonsai nehmen jedoch im allgemeinen innerhalb eines Jahres die gewünschte Form an. Bei Ästen dauert der Vorgang manchmal nur vier bis fünf, bei kleinen Zweigen nur zwei bis drei Monate. Stellen Sie neu gedrahtete Pflanzen mehrere Tage an einen schattigen, geschützten Ort, da sie vorübergehend empfindlicher auf Wind und Sonne reagieren. Besprühen Sie nadel- oder laubtragende Bäume täglich, um das Wurzelsystem zu entlasten. Schwache oder umgetopfte Bäume sollten frühestens nach einem Jahr gedrahtet werden, je nachdem, wie kräftig sie sind.

Die Verwendung von Schraubzwinge und Klemmhölzern

Wenn ein Baumstamm zu dick ist, um gedrahtet zu werden, kann man eine Schraubzwinge oder ein Klemmholz verwenden. Bei beiden Methoden muß der Stamm zunächst zum Schutz mit Bast umwickelt werden.

Wenn Sie eine Schraubzwinge benutzen, geben Sie auf beiden Enden bei einigen Windungen mindestens drei Zentimeter Bast zu, so daß Sie die Zwingenenden darunterschieben können. So halten Sie ihn an Ort und Stelle und schützen den Stamm. Legen Sie ein Gummistückchen an die Stelle, wo die Schraubzwinge gegen den Stamm drückt. Dann schrauben Sie mit vorsichtigem Druck bis der Stamm sich biegt. Im Laufe der Zeit sollte die Zwinge nachgezogen werden, bis der Stamm die gewünschte Biegung erreicht hat.

Wenn Sie für das Biegen eines Stamms ein Klemmholz verwenden, müssen Sie dort eine Spannschnur anbringen. Binden Sie ein Seil oder eine kräftige Schnur an beide Seiten des Stammabschnitts, an dem Sie die Richtung ändern wollen. Mit dem Klemmholz spannen Sie die Schnur vom Baum weg, so daß sich der Stamm biegt. Im allgemeinen sind diese Techniken jedoch nur drastischen Änderungen bei erwachsenen Bäumen mit dicken Stämmen vorbehalten.

Wann man drahtet

Man kann die Struktur laubwechselnder Bäume nach dem Blattfall besser erkennen. Viele Pflanzen werden aus verschiedenen Gründen im Winter gedrahtet. Holen Sie Pflanzen aus einem Erziehungs- oder Frühbeet bei mildem Wetter heraus und drahten Sie diese im warmen Haus. Hierdurch wird das Pflanzengewebe erwärmt, die Äste sind dann biegsamer und können besser bearbeitet werden. Stellen Sie den Baum nach beendeter Arbeit wieder zurück ins Beet.

Es gibt allgemeine Richtlinien, wann die verschiedenen Sorten gedrahtet werden sollten. Am einfachsten lassen sich Weiden, Wacholder und Kiefern drahten, da sie am geschmeidigsten sind und sich der Erziehung rasch anpassen. Koniferen sind trotz ihrer Biegsamkeit am schwierigsten in eine neue Form zu bringen. Es kann bis zu einem Jahr dauern, bis die Erziehung abgeschlossen ist. Manchmal können sie sich auch wieder in ihre alte Form zurückentwickeln. Die beste Zeit zum Drahten ist Spätherbst oder Winteranfang.

Laubwechselnde Pflanzen sind im Spätfrühling oder Frühsommer am biegsamsten, wenn sie Knospen angesetzt haben und sich die Blätter sich entfalten. Da sie sehr schnell wachsen, müssen sie genau beobachtet werden, damit nicht die neuen, zarten Triebe vom Kupferdraht eingeschnürt werden. Diese Bäume vertragen die Erziehung sehr gut und nehmen die neue Form innerhalb weniger Monate an.

Bevor Sie die Bäume ins Winterquartier stellen, müssen im Herbst die im Jahr zuvor angebrachten Drähte entfernt werden. Dies ist notwendig, um Verletzungen und Einkerbungen an den wachsenden Trieben zu vermeiden.

Die Verwendung von Gewichten

Die beim Fischen verwendeten Lot- und Senkbleie oder Vorhanggewichte können ebenfalls für die Asterziehung verwendet werden; sie sind in Anglerläden oder Warenhäusern erhältlich. Befestigen Sie die Gewichte an leichten Angelschnüren aus Nylon (sie sind durchsichtig, zugfest und preisgünstig), binden Sie diese anschließend an der Astmitte oder -spitze fest. Das hängende Gewicht soll den Ast bis zum gewünschten Punkt nach unten ziehen. Wenn der Winkel oder die Biegung Ihnen nicht zusagen oder die Astform unnatürlich wirkt, können Sie das Gewicht entweder am Stamm, an einem anderen Ast oder an einem Kupferdraht befestigen, der über der Schale gespannt ist.

Die Schnur darf keinesfalls in die Astrinde einschneiden. Verletzungen lassen sich verhindern, wenn man ein kleines Gummstückchen unter die Schlaufe legt.

Pinus parviflora (Mädchenkiefer).
Ein Kaskadenbonsai aus der Oguchi-Sammlung in Japan. Hier reicht die Baumspitze bis über den Schalenboden hinab. Die Schale besteht aus unglasiertem, braunen Steingut mit einem nach außen gedrehten Rand. Der Stamm wirkt alt und robust und vermittelt den Eindruck, als sei er kräftigen Winden und vielleicht sogar starken Schneefällen ausgesetzt gewesen. Mit Hilfe des Drahtens (das bei einigen Ästen noch sichtbar ist) wurden die horizontalen Linien betont. Das Moos und die restliche Bodenbepflanzung lassen den Baum noch älter wirken.

Das Verankern von Bonsai

Es nimmt nicht viel Zeit in Anspruch, den Bonsai mitsamt Schale sicher zu verankern. Führen Sie den Draht einige Male durch die Abzugslöcher im Schalenboden (siehe S. 89-90) und anschließend über den Wurzelstock oder die Hauptwurzeln an der Stammbasis nach oben. Schützen Sie die Wurzeln mit einem kleinen Gummistück vor Verletzungen.

Binden Sie die überstehenden Ende zusammen oder verdrillen Sie diese fest um ein schmales Holz- oder Metallstück. Führen Sie auch ein paar Drähte über die Schalenoberfläche und unter dem Gestellbrett durch, so daß die Schale darauf verankert ist.

Der Blattschnitt

Man wählt am besten Pflanzen, die dem erwünschten späteren Aussehen möglichst nahekommen. Einer der wichtigsten Punkte ist die Blattgröße: Zu den sehr kleinen Bäumen passen nur Pflanzen mit kleinen Blättern, während große Blätter unproportioniert aussehen. Leider kann man nicht immer kleinblättrige Pflanzen auswählen. Oft haben die Pflanzen zwar vielversprechende Formen und Proportionen, aber viel zu große Blätter. Hier kann der Blattschnitt zur gewünschten Verkleinerung verhelfen.

Beim Blattschnitt wird das Blatt ganz oder teilweise entfernt, um das Wachstum neuer Blätter am Blattstiel zu fördern. Diese Blätter sind im allgemeinen kleiner und passen verhältnismäßig besser zu einem Zwergbaum. Bei manchen Gattungen sind die neuen Blätter stärker gezahnt.

Es gibt zwei Arten des Blattschnitts. Das Entfernen der gesamten Blattspreite mitsamt Stiel fördert auch das Austreiben von Achselknospen, so daß die Spitze dichter wird. Im anderen Fall entfernt man einen Teil der Blattspreite oder das ganze Blatt, läßt jedoch den Blattstiel stehen. Bei dieser Methode werden die Achselknospen zwar nicht beschädigt, das Vorhandensein des Blattstiels oder eines Teils davon kann das Austreiben der Knospe unter Umständen jedoch behindern. Die Knospe treibt eher aus, wenn der Blattstiel ein oder zwei Wochen nach dem Schnitt abfällt.

Man sollte den Blattschnitt nur an gesunden Bäumen vornehmen. Sie sollten darauf vorbereitet werden, indem sie eine Saison oder zumindest einen oder zwei Monate regelmäßig – vorzugsweise mit organischem Flüssigdünger (siehe S. 57) – gedüngt werden.

Die Blätter müssen jedes Jahr beschnitten werden, außer der Baum ist jung und außergewöhnlich wuchskräftig. Nach einem rigorosen Schnitt oder nach dem Auslichten der Blätter sollte man dem Baum ein Jahr Zeit lassen, um sich zu erholen. Dies ist manchmal im Frühsommer in Japan der Fall (z. B. bei Ahornbäumen oder Zekoven), wenn alle oder die meisten Blätter von den Bäumen entfernt werden. Unter Umständen werden auch einige oder alle Endknospen entfernt, um die Seitenknospen zum Wachsen und einen neuen, zweiten Blattaustrieb anzuregen.

Stellen Sie den Bonsai nach dem Schnitt solange in den Halbschatten, bis die neuen Blätter erscheinen. Pralle Sonne würde den Baum unnötig belasten, während völliger Schatten unter Umständen nicht genügend Licht für die Photosynthese liefert, die jetzt mit weniger Blättern erfolgen muß. Sie dürfen den Baum nicht zu stark gießen, da sich sein Wasserbedarf nach dem Blattschnitt gegenüber normalen Zeiten reduziert. Der Blattschnitt kann einige wichtige Dinge bewirken: Er kann bei einem Baum die Schönheit der Aststruktur oder seiner gesamten Form erst richtig zur Geltung bringen. Mit dem Wachstum neuer Blätter steigen auch die Chancen auf eine stärkere Verzweigung, so daß der Baumcharakter besser zum Tragen kommt. Der Schnitt kann auch einen kosmetischen Zweck erfüllen: Der Baum wird von allen schadhaften, farblosen oder kranken Blättern befreit; er wird geformt, indem die Blattzahl in kopflastigen Bereichen reduziert wird.

Der Blattschnitt erfolgt im allgemeinen im Früh- bis Hochsommer. Wenn er zu früh erfolgt, wenn also der Pflanzensaft stark fließt, bilden sich viele neue Blätter, die oft noch größer sind als die alten. Erfolgt er zu spät, bilden sich weniger Knospen und somit auch weniger Blätter.

Die meisten laubwechselnden Bäume vertragen den Blattschnitt problemlos. Bei Birken sollten zu große Blätter entfernt werden, damit sich die noch unreifen Blätter, die im allgemeinen kleiner wachsen, entfalten können. Bei Koniferen und laubwechselnden bzw. immergrünen Bäumen, die sich nur schwer verästeln (z. B. Ginkgo und Weißbuche), sollten die Blätter nicht beschnitten werden.

Diese Technik eignet sich auch für Nadelbäume, die sehr lange, buschige oder eingerollte Nadeln aufweisen. Diese sollten bis auf 2 oder 3 cm eingekürzt werden. Im darauffolgenden Frühjahr wächst dort eine kürzere Nadel, wodurch sich auch die Länge künftiger Nadeln automatisch reduziert. Kleinere, nach innen gewendete Äste bekommen zudem mehr Sonne. Es werden mehr Knospen ausgebildet.

Bei Kiefern werden die Kerzen gerne eingekürzt, solange sie noch jung und gesund sind. Es ist besser, die Nadeln direkt an der Basis zu schneiden, ohne dabei die Rinde oder kleine Zweige zu verletzen. Diese Behandlung kann jederzeit erfolgen, außer wenn die Nadeln zu jung und zart sind.

Bei Wacholder, Zypressen und anderen Bäumen mit Na-

Der Blattschnitt

Der Blattschnitt sollte vorgenommen werden, wenn sich der Baum in einer aktiven Wachstumsperiode befindet. Entfernen Sie sämtliche Blätter bis auf den Stiel; er fällt später von selbst ab. Innerhalb weniger Wochen sollten neue Blätter wachsen.

deln, die der Größe des Zwergbaums angepaßt sind, sollten Sie auf das Entfernen zu langer Nadeln verzichten (außer der Baum ist sehr buschig), und stattdessen die Nadeln bei Bedarf einkürzen.

Nicht geeignet für diese Behandlung sind Eiben, Zedern und Fichten.

Der Wurzelschnitt

Jeder Baum hat Wurzeln, und alle Wurzelsysteme haben eine bestimmte Form. Einige sind einseitig, andere voll ausgebildet; einige haben lange Pfahlwurzeln, andere zahlreiche Nährwurzeln; bei einigen sind interessant strukturierte Flachwurzeln mit schöner Rinde zu sehen.

Bei jeder Wurzelform ist jedoch die Gesundheit am wichtigsten. Der erfahrene Bonsaigärtner betrachtet die Pflanze oben und unten, also die oberirdische Pflanze und ihre Wurzeln. Man sollte sich darüber im klaren sein, daß jeder Baum nur so gut ist wie sein Wurzelsystem, das alle Nährstoffe aufnimmt und verteilt. Das oberirdische Wachstum – sei es in der Natur oder in einer Bonsaischale – verrät viel über das Wurzelsystem des Baums. Wenn die Äste ausladend sind, sind es auch die Wurzeln. Wenn alle Teile des Baums gesund und richtig ernährt wirken, ist vermutlich auch das Wurzelsystem in einem guten Zustand. Wenn irgendein Teil der oberirdischen Pflanze schlechter aussieht, ist womöglich das Wurzelsystem dafür verantwortlich.

Der Wurzelschnitt erfolgt regelmäßig, da er die vermehrte Bildung von Faserwurzeln bewirkt und die Pflanze so gesund hält, daß man sie beschneiden, erziehen und in einer kleinen Schale züchten kann.

Der Wurzelschnitt erfolgt im allgemeinen, sobald ein Baum zu einer Sammlung dazukommt. Der Wurzelschnitt wird wiederholt vorgenommen: beim Umtopfen oder beim Pflanzenschnitt, falls er drastisch genug war, daß auch in gleichem Maße der Wurzelschnitt erforderlich wird. Er schafft die Voraussetzung für ein gesundes, üppiges Wurzelsystem, aber auch für die erwünschte Verkleinerung der Pflanze.

Zunächst sollten die Wurzeln frisch ausgegrabener oder neuer Pflanzen aus der Baumschule sorgfältig inspiziert werden. Um die Rinde vor Verletzungen zu schützen, sollte man den betreffenden Stammabschnitt, an dem Sie den Baum festhalten, mit Kreppapier oder einem zusammengefalteten Lappen umwickeln. Nehmen Sie die Pflanze aus dem Beet oder der Schale und stellen Sie sie möglichst auf eine drehbare Unterlage. Ein einfacher, drehbarer Tortenuntersatz auf ein paar Ziegelsteinen oder einem Stoß Bücher oder Bretter reicht aus, sofern es stabil ist und weder umkippt noch wackelt. Die freigelegten Wurzeln beginnen sofort auszutrocknen. Je länger die Wurzeln an der Luft sind, desto mehr leiden sie unter der Trockenheit. Aus diesem Grund muß schnell gearbeitet werden; man sollte die Wurzeln mit Wasser besprühen, damit sie leicht feucht bleiben.

Kennzeichnen Sie das oberste Drittel des Wurzelballens rundherum mit einem Kreidestrich, um festzuhalten, wie weit die Wurzeln intakt bleiben sollen. Dies entspricht auch der Oberfläche, die die neue Schale haben sollte. Die Schale sollte theoretisch dreimal so groß sein wie der Kreis. Die restlichen zwei Drittel der Erde sollten entfernt werden, wobei von oben nach unten gearbeitet wird. Stecken Sie ein Eßstäbchen oder einen anderen abgerundeten Stab in den Wurzelballen; bewegen Sie ihn hin und her, damit sich die Erde lockert und entfernt werden kann. Auf diese Weise werden die Wurzeln nicht beschädigt.

Nun stellt man den Baum mit einem Drittel seiner ursprünglichen Erde und allen Wurzeln auf den Drehtisch. Heben Sie die Pflanze hoch und schneiden Sie von vorne und mit herabhängenden Wurzeln. Kürzen Sie die seitlich hervorstehenden Wurzeln um etwa ein Drittel und die unteren so weit wie möglich, wobei Sie zwischen 2 und 8 cm Wurzelmaterial stehen lassen (die Wurzellänge kann der Tiefe der Bonsaischale angepaßt werden). Unterteilen Sie den verbleibenen

Eine Stumpfform aus der Ueda-Sammlung in Japan. Hier fällt vor allem der robuste, knorrige Stamm mit der dicken Basis und der »Schildkrötenpanzerstruktur« auf, der den Eindruck hohen Alters vermittelt. Die Astanordnung trägt hierzu ebenfalls bei: Der einzelne Ast an der Basis vermittelt den Eindruck, daß der Baum die anderen Äste verloren hat (in bestimmten Bereichen des Stammes wurde beim Entfernen der Äste auch die Rinde abgezogen). Alle anderen Äste befinden sich an der Stammspitze. Eine feine Verästelung, keine sich kreuzenden Äste, dichtes Laubwerk, Bodenbepflanzung und die passende Schale runden das gelungene Bild ab.

Erdballen je nach Ballengröße in sechs bis zwölf Tortenstücke.

Schneiden Sie anschließend mit einem sterilisierten Messer vorsichtig jedes zweite Stück heraus, bis Sie den ganzen Baum umrundet haben. Das Erdreich und die Wurzeln werden nun abfallen. Fügen Sie neue Erde hinzu, um neues Wurzelwachstum zu fördern.

Achten Sie darauf, daß möglichst viele Faserwurzeln erhalten bleiben, da sie die Pflanze mit Nährstoffen versorgen, bis sich neue Wurzeln gebildet haben. Wenn Ihnen die Wurzelanordnung nicht gefällt und sich nur auf zwei oder drei

Seiten Wurzeln entwickelt haben, können Sie mit einem Messer an jener Stelle einschneiden, wo sich Ihrer Meinung nach neue Wurzeln bilden sollen. Pflanzen Sie den Baum anschließend in ein Sandbeet oder einen mit Sand gefüllten Container. Innerhalb weniger Monate entstehen neue Wurzeln.

Alte oder vermoderte Wurzeln und Pfahlwurzeln erschweren das Eintopfen des Baums und behindern die Entstehung junger Triebe. Durch ihre Beseitigung wird das Wachstum der feinen Nährwurzeln am ganzen Wurzelballen gefördert, was wiederum dafür sorgt, daß der Baum ausgewogen mit Wasser versorgt wird und sich in seiner späteren Schale richtig verankern kann. Die Wurzeln sollten immer unter Einhaltung einer waagerechten Schnittebene entfernt werden, damit die Pflanze einen guten, horizontalen Stand hat.

Das Beschneiden einer dicken Pfahlwurzel muß unter Umständen über Jahre hinweg erfolgen. Sie müssen eventuell einen tieferen Container verwenden oder den Baum während der Wachstumszeit in ein Erziehungsbeet setzen. Im allgemeinen sollten jedoch Pfahlwurzeln so weit gekürzt werden, daß sie problemlos in der Schale Platz finden.

Wenn Sie viele Wurzeln entfernen, müssen Sie im gleichen Zuge einen entsprechenden Oberflächenschnitt durchführen, damit die verbleibende Wurzelmasse den Baum auch weiterhin versorgen kann. Im allgemeinen können junge Pflanzen den Verlust von einem bis zwei Dritteln ihrer Wurzeln verkraften, ältere Exemplare höchstens von einem Drittel.

In der darauffolgenden Saison sollten fehlerhafte oder unterentwickelte Wurzeln entfernt und gesunde etwas gekürzt werden, um eine weitere Verästelung zu fördern.

Der Wurzelschnitt ist eher eine Methode, um eine Pflanze gesund als klein zu halten. Ein leichter Wurzelschnitt kann zu einer unerwartet starken Zweig- und Blattbildung führen. Dies ist normal und kann durch einen Oberflächenschnitt kontrolliert werden. Vor allem nach einem sehr drastischen Wurzelschnitt kann der Baum manchmal in einen Schockzustand geraten. Dann ist es an der Zeit, den Baum in ein Erziehungsbeet zurückzusetzen, ihn ständig zu beobachten, ihm mehr Pflege zukommen zu lassen und mehr Zeit zu widmen. Manchmal kann es bis zu einem Jahr dauern, bis die Nachwirkungen des Wurzelschnitts überwunden sind.

Das Eintopfen

Beim Eintopfen sind bestimmte Schritte vom Anfang bis zum Ende einzuhalten. Diese Schritte sind kein Geheimnis und zudem beim Umtopfen von Zimmer- und Treibhauspflanzen hilfreich.

Suchen Sie einen windgeschützten Platz im Schatten auf. Dies ist aus verschiedenen Gründen notwendig. Die Pflanze durchläuft eine anstrengende Prozedur: Sie wird aus der Schale genommen, der gesamten Erde beraubt, ihre Wurzeln und Äste werden beschnitten, sie wird möglicherweise gedrahtet und dann in eine neue Schale gesetzt. Wird der Baum zusätzlich mit heißer Sonne und trockenem Wind konfrontiert, kann er diese zusätzliche Belastung nur mit Mühe verkraften.

Die Vorbereitung der Schale

Eine flache, große Schale sollte bereitstehen, bevor Sie die Pflanze überhaupt berühren. Die durchschnittliche Bonsaischale ist etwa eineinhalbmal breiter als der dazugehörige Bonsai. Bei sehr kleinen oder tief ausladenden Bäumen muß sie manchmal bis zu einem weiteren Drittel größer sein. Unglasierte Schalen sind für die Erziehung junger Pflanzen am besten geeignet, weil sie porös sind und somit die Luftzirkulation und das Wurzelwachstum fördern.

Schneiden Sie ein Stück Sieb oder Plastikgitter aus, das auf die Abzugsöffnungen paßt. Beim Gießen können keine kleinen Teilchen aus der Erde ausgespült werden; gleichzeitig werden unerwünschte Besucher, wie Schnecken und Ameisen, davon abgehalten, sich in dem Gefäß häuslich niederzulassen, um sich von organischen Stoffen und Bonsaiwurzeln zu ernähren. Zudem hindert es die Wurzeln daran, durch die Abzugsöffnungen hindurchzuwachsen.

Sobald das Sieb oder Plastikgitter an Ort und Stelle sitzt, führen Sie einen langen Kupferdraht durch eines der Löcher in den Behälter hinein. Nehmen Sie anschließend das andere Ende des Kupferdrahts, führen Sie es auf die gleiche Weise durch ein anderes Loch. Sollte nur ein Loch vorhanden sein, wickeln Sie den Draht um ein Stöckchen oder einen verzinkten Nagel, um ihn unter dem Topf zu verankern.

Schütten Sie eine dünne Schicht Kies oder sehr grobe Erde auf den Schalenboden. Eine dünne Schicht Torfmoos verhindert, daß die Erde ausgewaschen wird und die Gitteröffnungen verstopft. Füllen Sie die Schale mit einer geeigneten Erdmischung auf (siehe S. 49-51), die Sie häufeln oder wie ein Kissen formen. Jetzt wird die Pflanze eingesetzt, wobei die Drahtanker aus der Erdmischung herausragen sollten.

Wenn das Ein- oder Umtopfen zum optimalen Zeitpunkt erfolgt, kann gleichzeitig ein drastischer Oberflächen- und Wurzelschnitt vorgenommen werden. Die Wurzeln sollten jedoch niemals alleine beschnitten werden. Achten Sie auf gleichmäßige Proportionen: Wenn Sie ein Viertel der Äste entfernen, können Sie ohne Bedenken auch ein Viertel der Wurzeln entfernen. (Ballenpflanzen, auch in Sackleinen eingebundene, die erst kürzlich ausgegraben wurden und daher beschädigte Wurzeln haben, müssen mit besonderer Vorsicht behandelt werden. Lassen Sie hier im Verhältnis zur Oberflächenpflanze mehr Wurzelmasse stehen.)

Wenn das Eintopfen nicht zur besten Jahreszeit erfolgt, können Sie zwar die Wurzeln und Äste der Pflanze in sehr begrenztem Maße beschneiden, mit dem Hauptschnitt sollten Sie jedoch noch etwas warten. Sie bekommen den Baum leichter aus der Schale, wenn Sie die Erde vor dem Umtopfen rundherum etwas antrocknen lassen. Entfernen Sie mit einer Pinzette oder einem stumpfen Stab das gesamte Moos von der Erdoberfläche und bewahren Sie es für später auf. Nehmen Sie die Pflanze aus der Schale und beschneiden Sie die Wurzeln (siehe S. 87-89). Schlagen Sie beim Abklopfen der Erde immer in Wuchsrichtung der Wurzeln, daß heißt vom Stamm aus gesehen nach außen unten.

Das Einpflanzen des Bonsai

Nach dem Wurzelschnitt sollte die Unterseite eine horizontale Fläche bilden; setzen Sie den Baum anschließend in die Schale. Die Position des Bonsai spielt eine wichtige Rolle. In länglichen Schalen wird der Baum etwa ein Drittel von einem Topfende entfernt eingesetzt. In runden oder quadratischen Töpfen sitzt die Pflanze von vorne gesehen mittig, jedoch leicht nach hinten versetzt.

Die Ausnahme machen Bäume mit hängenden Ästen: Der Stamm sollte näher an einer Schalenseite sitzen, ohne sie zu berühren. Auf diese Weise entsteht kein optisches Ungleichgewicht, wenn die Äste über den entgegengesetzten Topfrand hängen. Kaskadenbonsai werden so plaziert, daß sich der Baumstamm direkt über einem Schalenfuß befindet, wobei die Harmonie zwischen Schale und Pflanze für die genaue Position natürlich entscheidend ist.

Für Kaskaden- und Halbkaskadenbonsai ist eine tiefere Schale notwendig. Die Wurzelballen nehmen zwar nur wenig Platz ein, Haupttriebe und Äste sind jedoch schwer und stark nach einer Seite hin geneigt, so daß die Schale leicht kopflastig werden kann. In einer tieferen Schale kann man den Schwerpunkt des Bonsai ausbalancieren und Schale und/ oder Pflanze am Umkippen hindern.

Im Gegensatz zu normalen Zimmerpflanzen werden Bonsai nicht in einen größeren, sondern oft in einen kleineren Topf umgepflanzt, der ihrem Zustand und ihrer Größe besser angepaßt ist. Die kleinere Schale hält die Pflanze klein und unterstützt die Entwicklung eines flachen, kompakten Wurzelsystems, das im Prinzip immer jung bleibt und somit die Pflanze gesund und wuchskräftig hält.

Setzen Sie den Baum mit einer Drehbewegung auf die Erde, damit sich keine Luftblasen bilden. Halten Sie ihn mit einer Hand und überprüfen Sie seine Position. Häufeln Sie mit der anderen Hand von allen Seiten Erde auf das Wurzelsystem; drücken Sie diese mit einem Eßstäbchen vorsichtig fest, das Sie wiederholt vor und zurück bewegen. Damit werden gefährliche Luftblasen beseitigt, die eine Wurzelfäule begünstigen. Auch können die Wurzeln weder mit der Hand noch einem Werkzeug verletzt werden. Wenn man die Erde jedoch zu stark preßt, kann die Wasseraufnahme durch die Wurzeln und der -transport zu den Blättern beeinträchtigt werden. Da diese Fähigkeit für das Überleben des Baums wesentlich ist, darf sie keinesfalls in Mitleidenschaft gezogen werden. Die Erde darf nur gepreßt werden, um das Wachstum eines großblättrigen Baumes zu beeinflussen.

Füllen Sie Erde über das gesamte Wurzelsystem, drehen Sie die Kupferdrähte anschließend diagonal über dem Wurzelballen zusammen, um die Pflanze zu sichern. Schieben Sie unter die losen Drähte dünne Gummiplättchen, um die Wurzeln vor Verletzungen zu schützen. Drehen Sie die Drahtenden fester zusammen, bis der Baum Standfestigkeit erhält. Biegen Sie die Enden anschließend nach unten. Wenn die Drähte nicht mehr gebraucht werden, können Sie nach einigen Jahren durchgeschnitten und entfernt werden. Halten Sie die Schale fest in einer Hand, klopfen mit der Faust der andern Hand auf die Seitenwände, damit sich die Erde noch weiter setzt.

Streichen Sie die Erdoberfläche glatt, bürsten Sie überschüssige Erde ab. Die Erde sollte etwa 1/2 cm unter dem Schalenrand enden. Die Oberfläche sollte von der Stammbasis zum Topfrand hin leicht abschüssig sein, um das Abfließen des Wassers zu erleichtern.

Große oberflächliche Wurzeln müssen zeitweise befestigt werden. Schneiden Sie ein ausreichend starkes, 8 cm langes Stück Kupferdraht und biegen Sie es U-förmig. Setzen sie den Draht auf die Wurzel, drücken Sie ihn in die Erde. Sie können feine Haarwurzeln entfernen, die aus der Erde wachsen, dicke Wurzeln, die jetzt oder später den Eindruck von Alter und Standfestigkeit vermitteln können, lassen Sie stehen und weiterwachsen.

Besprühen Sie die Erde leicht mit lauwarmem Wasser. Bestreuen Sie anschließend die Erdoberfläche mit getrocknetem, pulverförmigem oder frischem Moos und/oder Flechten. Mischen Sie es unter die Erde zwischen den Flachwurzeln, so daß die Wurzeloberseite sichtbar bleibt und die Illusion eines hohen Alters verstärkt wird (siehe S. 66-67). Pulverförmiges Moos wird möglicherweise langsamer grün als frisches, aber es bildet schließlich einen sehr weichen, saftigen, grünen Teppich.

Kanuma Bonsai Park in Japan. Moos ist in Japan ein wichtiger Bodendecker, vor allem in Kyoto. Man findet es in Bonsaischalen und in jedem Garten, wo es mit dem im Westen gepflanzten Rasen vergleichbar ist. In trockeneren Gebieten, zum Beispiel in Tokio, ist Moos schwieriger zu pflegen; hier leidet es zudem unter der Luftverschmutzung. Wählen Sie Moos, das für die jeweiligen Bedingungen geeignet ist.

Kaskaden- und Halbkaskadenbonsai müssen besonders stabil in ihren Behältern verdrahtet sein. Sie erreichen eine bessere Stabilität, wenn Sie eine dicke Schicht Kies oder Steine in den Schalenboden legen. Dies trägt nicht nur zur Stabilisierung von Schale und Bonsai bei, sondern sorgt gleichzeitig für eine ausgezeichnete Entwässerung in hohen Schalen, in denen sich übermäßig viel Erde im Verhältnis zur Zwergpflanze befindet.

Wässern

Der Bonsai kann nun zum ersten Mal gewässert werden. Besprühen Sie zunächst die Erdoberfläche mit Wasser, damit sich die kleinen, frischen Moosstückchen vollsaugen, auf der Erde liegen bleiben und nicht gleich beim ersten richtigen Wässern weggeschwemmt werden.

Füllen Sie zimmerwarmes Wasser in einen großen Behälter; der Wasserspiegel sollte unterhalb des Schalerandes liegen. Stellen Sie die gesamte Schale langsam ins Wasser, das nun rasch durch die im Boden befindlichen Löcher aufgesaugt wird. Nehmen Sie die Schale heraus, wenn dunkle Flecken an der Erdoberfläche sichtbar werden, und stellen Sie sie an eine geschützte, schattige Stelle. Besprühen Sie die Blätter vorsichtig mit Wasser.

Wässern Sie erst nach ein oder zwei Tagen erneut. Frisch

geschnittene Wurzeln können Feuchtigkeit und Nährstoffe erst wieder vollständig aufnehmen, wenn sich neue Wurzeln gebildet haben. Richten Sie beim zweiten Wässern einen sanften Wasserstrahl auf den Bereich direkt um den Stamm.

Dieser Bereich – der höchste Bodenpunkt des Bonsai – wird als erstes entwässert, er trocknet am schnellsten aus und absorbiert zuletzt Wasser vom Schalenboden. Beobachten Sie den Bonsai sorgfältig. Wenn die Erde um den Stamm trocknet, wissen Sie, daß die Wurzeln allmählich wieder ihre Aufgabe erfüllen.

Das Umtopfen

Das Umtopfen erfüllt viele Aufgaben, die alle dazu beitragen, den Bonsai gesund zu halten.

Durch das Umtopfen wird der Boden neu mit Nährstoffen versorgt und seine Struktur verbessert, was wiederum die Photosynthese und Wurzelbildung fördert. Die frische Erde ist der Gesundheit des Bonsai zuträglich. Topfen Sie um, bevor die Erde völlig durchwurzelt ist und die Wurzeln ihre Aufgabe nicht mehr zufriedenstellend erfüllen können. Wenn Sie zu lange warten, werden die Wurzeln so dick, daß sie die benötigte Nährstoffe nicht mehr aus dem Boden ziehen können. Gleichzeitig können Sie beim Umtopfen die Anordnung des gesamten Wurzelsystems sanieren.

Jeder gesunde Bonsai durchwurzelt allmählich die Erde in seiner Schale. Wie lange das dauert, hängt von Sorte, Vitalität, Wachstumsstadium, Düngeprogramm, Erdmischung und vielen anderen Faktoren ab. Im allgemeinen sollten junge Bäume einmal jährlich und ausgewachsene Bäume alle zwei oder drei Jahre umgetopft werden.

Im Detail bedeutet dies, daß Zierbäume, Obstbäume und Bambus in der Regel einmal jährlich, großblättrige immergrüne Pflanzen und laubwechselnde Bäume alle zwei Jahre umgetopft werden sollten. Koniferen (insbesondere Kiefern) sind hiervon ausgenommen: Sie müssen nur jedes vierte oder fünfte Jahre umgetopft werden. Da Bonsai jedoch nicht immer nach Plan wachsen, sollten Sie die Wurzelsituation jedes Jahr überprüfen und dementsprechend entscheiden.

Beim Umtopfen sollten Sie den typischen weißen Schimmel, der mit gesunden Kiefern und Weißbuchen eine symbiotische Beziehung eingeht, nach Möglichkeit erhalten. Der Schimmel ist auf Baum und Boden zu finden und hat günstige Eigenschaften, er ist ein Zeichen für aktives Wachstum. Dieser Pilz bleibt erhalten, wenn die Erde am Tag leicht durchfeuchtet bleibt und nachts trocknet. Hierdurch erhält der Baum eine größere Vitalität.

Kiefern sollten im Frühjahr bzw. gegen Ende des Sommers umgetopft und beschnitten werden, wenn die Nadeln austreiben bzw. die Knospen hart sind. Wenn nach zehn Tagen über den Abzugslöchern weißer Schimmel wächst, zeigt dies an, daß der Baum Wurzeln schlägt. Beschädigte Wurzeln geben ein Harz ab, das beim Verschließen von Schnittwunden hilft. Beim Umtopfen sollte der Schimmelpilz zu kleinen Brocken zerkleinert und unter die frische Erde gemischt werden.

Das Umtopfen ist kein Problem, wenn es zur richtigen Jahreszeit erfolgt und genügend Erde am Wurzelballen verbleibt. Man kann bis zu einem Drittel der Erde entfernen, wenn das Umtopfen im Frühjahr nach dem Anschwellen der Knospen, aber vor dem Aufbrechen der Nadeln erfolgt.

Nehmen Sie den Baum am Winterende oder Frühjahrsanfang aus der Schale heraus und untersuchen Sie den Wurzelballen, bevor das aktive Wachstum einsetzt. Stellen Sie fest, ob der Baum umgetopft werden muß oder nicht und setzen Sie ihn dann wieder in die Schale zurück. Topfen Sie um, wenn sich Knospen zeigen und die Wurzeln durch die Wärme und längere Lichteinstrahlung zu wachsen beginnen.

Halten Sie den Bonsai eher trocken, arbeiten Sie bei ruhigem, bedeckten Wetter an einem schattigen und windgeschützten Ort. Schneiden Sie den Befestigungsdraht vorsichtig durch, entfernen Sie vorsichtig die Bodenabdeckung und bewahren Sie diese auf. Nehmen Sie den Bonsai aus der Schale. Schütteln Sie anhaftendes Entwässerungsmaterial auf eine Zeitung oder einen Pappteller. Entfernen Sie das Drahtgitter, legen Sie es zusammen mit dem Kupferdraht und der Schale in heiße Seifenlauge.

Entwirren Sie die Wurzeln. Entnehmen Sie dem Wurzelballen 2,5 bis 5 cm Erde. Entfernen Sie neu ausgetriebene Pfahlwurzeln, kürzen Sie die alte Pfahlwurzel ein. Neu entstandene Seitenwurzeln sollten geschnitten werden, um das Wachstum feiner Wurzeln nahe der Stammbasis zu fördern. Unter dem Stamm findet sich möglicherweise alte Erde und alte oder verrottete Wurzeln. Kratzen oder reißen Sie diese aus, so daß ein Hohlraum entsteht. Geben Sie der Pflanze ein spezielles Bewurzelungshormon für Gehölze, wenn ein relativ großer, wurzelfreier Bereich entstanden ist.

In dieser traumatischen Zeit darf die Erde weder zu naß noch zu trocken sein. Befeuchten Sie die Erde gerade soviel, daß sich in der Hand ein lockerer, krümeliger Erdklumpen bildet.

Nach dem Wurzelschnitt setzen Sie den Baum wieder in die Schale zurück. Füllen Sie frische Erde auf, drücken Sie diese um die Wurzeln auf die gleiche Weise fest, wie Sie es beim Eintopfen getan haben. Stellen Sie den Baum nach dem Wässern zwei Wochen lang in den Schatten.

Der Wurzelschnitt und das Umtopfen

1. Die durchwurzelte Schale zeigt deutlich, daß die Wurzeln geschnitten und umgetopft werden müssen.

2. Entfernen Sie das Erdreich um die Wurzeln; entwirren Sie diese mit einem Eßstäbchen, einem anderen stumpfen Stöckchen oder mit einem speziellen Bonsai-Wurzelrechen, der in Bonsai-Baumschulen erhältlich ist.

3. Schneiden Sie dicke Wurzeln mit der Wurzelzange so, daß sich an der Unterseite eine flache Basis bildet. Dies erleichtert das Eintopfen.

4. Feinere Wurzeln an den Seiten und der Unterseite des Ballens sollten um etwa ein Drittel eingekürzt werden.

5. Reinigen und sterilisieren Sie die Schale und legen Sie ein feines Netz auf die Abzugslöcher, damit der Kies nicht aus dem Topf fällt. Führen Sie Draht für die Verankerung durch die Löcher.

6. Füllen Sie eine geeignete Erdmischung um die Baumwurzeln, ersetzen Sie Kies und Moos und gießen Sie den Baum vorsichtig. Stellen Sie den Bonsai an einen warmen Ort, um neues Wurzelwachstum anzuregen.

Kapitel 6

Spezielle Techniken

Wurzeln, Felsen, Berge, Floße, Wald. Auf den ersten Blick scheinen diese Dinge nicht in ein Buch über die Kunst des Bonsai zu gehören. Aber dieses Buch enthält nicht nur technische Informationen, sondern handelt auch von der Philosophie des Bonsai. Denn die Welt des Bonsai geht weit über bloße Wurzeln und Berge hinaus. Sie hat mit Gott, Geburt, Tod sowie der Geschichte und Geographie Chinas und Japans zu tun. Wer Bonsai versteht, begreift auch Felsen, Berge und … den Menschen.

Bonsai repräsentiert eine sehr enge Verbindung zwischen dem Jetzt und dem Jenseits und beinhaltet alle religiösen und ästhetischen Zwischentöne. Daraus geht mit etwas Glück etwas hervor, das Schönheit und Wahrheit beinhaltet. Chinesen und Japaner sehen diese Qualitäten in der sich ständig zwischen Gott und der Natur entwickelnden Beziehung.

Der Einfluß der Natur ist so gewaltig, daß es dem Menschen entgegenkommt, die natürlichen Phänomene in einem kleineren, vertrauteren Maßstab zu betrachten. So entstand Bonsai mit Wurzeln, Felsen, Bergen und mehr.

In diesem Kapitel finden Sie die Grundlagen vieler typischer Bonsaitechniken, zu denen unter anderem die Schaffung ganzer Wälder, Flöße, Bonsai auf dem Felsen und Saikei gehören. Zudem erfahren Sie, wie Sie die Pflanzen am besten pflegen und ausstellen.

Juniperus chinensis 'Sargentii' (Chinesischer Wacholder). Dieser Chinesische Wacholder ist circa 350 Jahre alt und wurde 1930 wild wachsend gefunden. Dieses einzigartige Beispiel für die Treibholzform wurde bei der Expo 70 in Osaka im Japanischen Garten gezeigt. Hier windet sich das Treibholz spiralförmig zum Himmel und vermittelt den Eindruck von Bewegung. Außerdem liefert das weiß gebleichte, tote Holz einen großartigen Kontrast zu dem rotbraunen, gebogenen Stamm und dem dichten, kompakten Blattwerk. Dieser Bonsai, der im Volksmund »Fliegender Drachen« genannt wird, steht in der Ueda-Sammlung in Japan.

Wälder

Wald- oder Gruppenpflanzungen gehören zu den dramatischsten Darstellungsformen der Kunst des Bonsai. Auf den Neuling wirken Sie romantisch und geheimnisvoll. Für den Fachmann sind sie die Höchstform fachlichen Könnens und Wissens. Auf jeden Fall rufen sie intensive Gefühle wach.

Die Betrachtung eines gut komponierten Waldes ist wie der Blick in die Urzeit; man kann sich gut vorstellen, wie Vögel in den Zweigen zwitschern, Hirsche auf der Lichtung umherstolzieren und phantastische Sonnenauf- und -untergänge durch die fein verzweigten Äste hindurchscheinen. Wie kann man eine solche Illusion schaffen? Im Grunde ist sie eine Kombination von Phantasie und Geschicklichkeit.

Zunächst spielen Zahlen eine Rolle: 2, 3, 5, 7, 9 Bäume oder mehr in ungerader Anzahl stehen für den hohen Respekt, den das japanische Volk diesen Zahlen zollt. Ein erfahrener Bonsaifreund würde niemals 4 oder 6 Bäume in seine Komposition stellen: Diese Zahlen gehören ganz einfach nicht ins Land der Bonsai.

Wählen Sie außerdem Bäume derselben Art. Nur sehr selten kombinieren Bonsaigärtner verschiedenartige Pflanzen in einer einzigen Waldform. Puristen gehen so weit, nur Sämlinge vom selben Elter zu nehmen und mindestens eine Wachstumsperiode abzuwarten, bevor Sie die Pflanzen einsetzen, um sicherzugehen, daß die Merkmale und der Habitus der Bäume sich ähneln.

Der Vorteil in den Augen vieler, die Waldformen anlegen, ist die Tatsache, daß hier nicht der »perfekte« Baum mit exakt der richtigen Ast- und Stammkonfiguration gefordert ist. Da jeder Baum nur einer von vielen ist (manchmal über 20), sind die individuellen Qualitäten weniger entscheidend als bei den formalen Baumformen einzelner Exemplare. Werden mehrere Baumgenerationen – darunter auch ein offensichtlich alter Baum – verwendet und gut positioniert, kann der Effekt sogar noch dramatischer sein.

Je größer der Stammdurchmesser, desto höher sollte der Baum sein. Der höchste Baum, der zum Blickfang wird, sollte auch einen dicken Stamm haben; die ihn umgebenden Bäume sollten nach und nach kleiner und schlanker werden. Übrigens: je kleiner der Baum, desto weniger Äste sollte er haben!

Die Plazierung von immergrünen und laubwechselnden Bäumen ist in Waldformen gleichermaßen kritisch. Man sollte auf jeden Baum von beiden Seiten einen guten Blick haben; die Baumgruppe sollte in jeglicher Hinsicht einem Wald gleichen und den Kampf der Bäume um Licht repräsentieren. Wie bei jedem Kampf gelingt dies einigen besser als anderen – somit dürfen kleine, möglicherweise dürre Exemplare nicht aus dem Gesamtbild ausgeschlossen werden. Außerdem muß es, wie in der Natur, Bäume in den unterschiedlichsten Entwicklungsstadien geben.

Stewarthia monodelpha. Diese von Saburo Kato geschaffene Waldform ist in der Mansei-en Sammlung in Japan ausgestellt. Obwohl es sich um in Japan häufig vorkommende Bäume handelt, die schon viele Jahren als Bonsai gestaltet werden, findet man sie im Westen erst seit kurzem. Fein strukturierte, niedrige Bodendecker wie Moose, Heidekraut und Farne passen gut als Bodenbepflanzung. Mit ihrer Hilfe wird die Erde im Behälter verankert und das natürliche Aussehen sowie der optische Eindruck der gesamten Form gesteigert.

Picea jezoensis. Dieser große Wald aus der Oguchi-Sammlung in Japan wurde in den 80er Jahren aus 220 Jahre alten Fichten geschaffen. Er ist ein ausgezeichnetes Beispiel dafür, daß man als Bonsailiebhaber auch Konventionen durchbrechen kann: Normalerweise würde man neben einen großen Baum mit dickem Stamm eher mittelgroße Bäume setzen statt der hier gepflanzten kleinen Exemplare. Zwei Bäume können gut wirken, man vermeidet jedoch im allgemeinen eine gerade Anzahl, vor allem bei weniger als 10 Bäumen, . Obwohl die Bäume auf der Steinplatte nur wenig Erde zur Verfügung haben, sind sie wuchskräftig und stabil.

Um einen realen Eindruck zu vermitteln, ist die Positionierung jedes einzelnen Baums unerhört wichtig. Eine Waldform ist von vorne gesehen immer asymmetrisch: Sie zeigt eine lange Seite, die leicht, aber deutlich sichtbar zu einer Seite abfällt, und eine kurze Seite mit einer wesentlich steileren Neigung.

Daraus entsteht ein spitzwinkeliges Dreieck, das in der Anordnung der Schalenform angepaßt sein sollte. Innerhalb des Dreiecks sollten die langen, geraden Stämme eine im Verhältnis entsprechende Astmenge tragen: Je mehr Stämme vorhanden sind, desto weniger Astwerk wird für das asymmetrische Gleichgewicht benötigt.

Es ist schwierig, die richtigen Bäume für eine bestimmte Wirkung zu finden, wenn man nicht im voraus eine genaue Vorstellung hat. Daher ziehen sich viele Bonsailiebhaber, die mit Gruppenformen arbeiten, ihr eigenes Material aus Sämlingen. Sie unterwerfen diese von Anfang an einer Erziehung, bei der gerade Stämme und eine feine Verästelung angestrebt werden. Bonsaifreunde pflanzen selten Wälder aus nicht erzogenem Material, außer wenn die Bäume extrem jung sind, und selbst dann nur, wenn sie ein oder zwei Jahre in ihrer eigenen Baumschule gestanden haben.

Zunächst sollten Sie überprüfen, ob die Baumstämme gerade sind. Erziehen Sie nur die äußeren Äste. Denken Sie daran, daß die Anordnung der Komposition sich ändern kann und dann die äußeren Äste das einzige sind, was übrigbleibt! Lassen Sie den Großteil der inneren Äste stehen, bis Sie sich ganz sicher sind, was Sie damit anfangen wollen. Wenn Sie solange wie möglich viele Äste stehen lassen, kann der Stamm dicker wachsen, weil mehr Nebenäste vorhanden sind.

Gruppenpflanzungen

Eine Waldform gestalten

1. Wählen Sie Bäume von unterschiedlicher Größe und Stammdicke. Planen Sie die Komposition im voraus, wobei Sie die höheren Bäume nach vorne setzen.

2. Vermeiden Sie, daß mehrere Bäume von rechts nach links oder von vorne nach hinten eine Linie bilden. Verwenden Sie Moos und Kies, um das Erdreich und die Bäume im Behälter zu fixieren.

3. Schneiden Sie die Bäume nach dem Einpflanzen zum ersten Mal gemeinsam. Entfernen Sie Äste, die Nachbarbäume stören und vom Gesamteindruck ablenken.

Die Floßform

1. Koniferen aus Baumschulen sind bestens für die Floßform geeignet, da ihre buschige Form viele Alternativen zuläßt.

2. Entfernen Sie alle störenden Triebe von der Baumober- und -unterseite; drahten Sie die Äste, die Sie zu neuen, unabhängigen Bäumen erziehen wollen.

3. Setzen Sie den Wurzelstock und Stamm in eine ausreichend tiefe Schale mit geeigneter Erdmischung. Belassen Sie die Pflanze im Gefäß, bis sich an jeder Astbasis neue Wurzeln und somit neue Bäume gebildet haben.

Da der Maßstab bei Waldformen so winzig ist, sollten Sie keine früchtetragenden Pflanzen verwenden. Eine Gruppe von 15 kleinen Bäumchen, deren Äste sich unter der Last riesiger Pfirsiche oder Äpfel biegen, würde völlig absurd wirken.

Wenn Sie unbedingt eine Komposition mit Obstbäumen wünschen, wählen Sie Sorten mit kleineren Früchten, wie Kirsch- oder Holunderbäume oder eine der vielfarbigen *Pyracantha*-Sorten.

Die Pflanzung eines Waldes

Pflanzen Sie den Wald, wenn die Wurzeln den Baum zwar gut ernähren können, aber noch nicht voll ausgereift sind. Graben Sie die Bäume aus dem Beet aus oder klopfen Sie vorsichtig gegen die Schale, bis sie sich daraus lösen. Entfernen Sie nur schwache, bedeutungslose oder ungrazile Äste. Entfernen Sie die Erde vorsichtig mit einem Eßstäbchen von den empfindlichen Wurzeln. Schneiden Sie eine lange Pfahlwurzel mit einem scharfen Messer zurück. Kürzen Sie auch die kleineren Wurzeln, aber höchstens um ein Drittel.

Bereiten Sie die Bonsaischale vor (S. 89-90); plazieren Sie anschließend den Hauptbaum (also den größten) an die richtige Stelle – am besten steht er etwa ein Drittel von einem Schalenende entfernt. Dahinter, leicht nach rechts und links versetzt, setzen Sie den zweiten und dritten Baum und direkt daneben den fünften und sechsten. Sobald diese Hauptbäume positioniert sind, füllen Sie die Schale ausgewogen mit Sämlingen aus. Gruppieren Sie diese so natürlich wie möglich, pflanzen Sie die kleinsten und schlanksten Sämlinge an den Schalenrand.

Breiten Sie die Wurzeln jedes einzelnen Baums in Richtung Schalenmitte und -rand aus, ohne daß sie sich untereinander verheddern. Sie sollten möglichst nicht übereinander liegen, da sie in diesem Stadium keine Konkurrenz dulden. Nachdem Sie die Wurzeln wie in einem Puzzle angeordnet haben, können Sie mit Erdmischung auffüllen. (Je nach Baumgröße müssen manche Sämlinge mit einem Draht befestigt werden, damit sie beim Festwachsen ihre Position nicht ändern.) Drücken Sie mit einem Eßstäbchen die Erde um die Wurzeln herum vorsichtig fest. Verwenden Sie zum Wässern eine Gießkanne mit einem feinen Brausekopf, um den Boden leicht zu benetzen. Streuen Sie anschließend feingesiebten Torf um die Wurzeln, damit sich das Torfmoos besser verankern kann. Die Feuchtigkeit wird dadurch besser gespeichert, solange sich die Bäume an ihre neue Umgebung gewöhnen. Danach kann der Wald richtig gegossen werden.

Stellen Sie den Miniaturwald bis zum endgültigen Anwachsen an einen geschützten Ort, an dem er keiner direkten Sonne ausgesetzt ist. Solange die Bäume noch nicht fest verwurzelt sind – dies kann zwischen sechs Monaten und einem Jahr dauern – dürfen sie keinesfalls gedrahtet werden. Erst nach dieser Zeit können Sie an den erforderlichen Stellen drahten sowie das Torfmoos entfernen und durch echtes Moos und Flechten ersetzen.

Die Floßform

Die Floßform ist ungewöhnlich und tritt in der Natur nur selten auf. Sie entsteht, wenn ein lebender Baum umstürzt und entwurzelt. Viele Äste auf der Unterseite des Baumes brechen beim Aufschlagen auf dem Boden ab; die Knoten an der Astbasis kommen nun mit der Erde in Berührung und können Wurzeln bilden. In diesem Fall wachsen die Äste auf dem oberen Teil des Stamms weiter dem Licht entgegen und werden schließlich zu einzeln verwurzelten Bäumen, die noch immer durch den Hauptstamm mit den anderen Bäumen verbunden sind.

In Japan stellt man diese Abfolge von Ereignissen in der Floßform (Ikadabuki) nach. Hierzu wird der Stamm eines einzelnen Baumes waagerecht gelegt und teilweise eingegraben. Die vom Hauptstamm nach oben ragenden Äste werden dann zu Bäumen erzogen.

Bei der Gestaltung einer Floßform, ist man – was die Plazierung der neuen »Bäume« betrifft – eindeutig eingeschränkt, da man mit der vorhandenen Aststruktur arbeiten muß. Um eine natürlich Wirkung zu erzielen, muß bereits anfangs eine sorgfältige Auswahl getroffen werden.

Wählen Sie einen Baum mit einem mäßig großen Wurzelballen, bei dem die meisten Äste auf einer Seite des Stamms wachsen. Im Idealfall sind mindestens fünf größenmäßig abgestufte Äste vorhanden, wobei sich der kleinste Ast am Baumende befinden sollte. Weniger als fünf Äste erzielen keine gute Wirkung.

Biegungen des Stamms sollten im hinteren Bereich plaziert sein. Hierdurch verstärkt sich das Gefühl von räumlicher Tiefe, die für die Gruppierung so wichtig ist. Entfernen Sie oben und unten unnötige oder unerwünschte, sich kreuzende, verkümmerte oder störende Äste. Nun erfolgt das notwendige Drahten (siehe S. 84-85), und zwar bei jedem verbleibenden Ast einzeln. Hierdurch können Sie diese Äste gestalten, ohne die umliegenden Äste zu verändern.

Entfernen Sie die Rinde von der Stammunterseite direkt auf dem Knoten sowie rechts und links davon. Dieser Bereich kann zwischen 1,5 und 2,5 cm lang sein und etwa ein Drittel des gesamten Stammes umfassen. Verwenden Sie hierzu ein scharfes, steriles Messer. Befeuchten Sie den freigelegten Bereich umgehend. Tragen Sie anschließend ein spezielles Bewurzelungshormon für Gehölze auf.

Sie brauchen jetzt eine Kiste, in der die ursprüngliche Wurzel und der waagerecht liegende Stamm Platz finden. Vergraben Sie den Stamm ungefähr bis zur Hälfte in sandigem Boden. Entfernen Sie aus dem oberen Bereich des Wurzelballens möglichst viel Erde; drücken Sie ihn flach und graben Sie ihn in einen möglichst niedrigen Erdhügel ein. Befestigen Sie den Stamm mit Hilfe von Nadeln stabil in der Kiste.

Wenn Sie die ursprüngliche Baumwurzel im Boden vergraben haben, können Sie die Pflanze ohne Unterbrechung weiterdüngen und die verbleibenden Äste können weiter nach oben wachsen. Sofern ausreichend gedüngt und gegossen wird, bilden die Knoten und Stammteile, die den Boden berühren, alllmählich eigene Wurzeln aus. Auf diese Weise entsteht eine Baumgruppe mit einzeln verwurzelten Bäumen, die ein unabhängiges Leben führen könnten. Schließlich sehen die ursprünglichen Äste wie ein Wäldchen aus alten Bäumen aus, die getrennt gepflanzt wurden, aber dennoch zusammen wachsen.

Stellen Sie Ihren Floßbonsai relativ sonnig, da die Äste mit den lebenden Blättern bzw. Nadeln die Photosynthese dringend fürs Überleben brauchen. Achten Sie auch darauf, daß die Pflanze niemals austrocknet und fest im Behälter sitzt. Die Wurzeln entwickeln sich innerhalb von ein bis zwei Jahren nach der Präparierung aus dem entrindeten Stammabschnitt. Wenn Sie sich unsicher sind, ob sich Wurzeln entwickeln, lassen Sie den Baum ein wenig länger im Wurzelcontainer – bei Bonsai ist Geduld eine wahre Tugend! Entfernen Sie die Vorderseite der Kiste, wenn sich ein ausreichendes Wurzelsystem entwickelt hat. Das Floß kann jetzt enweder in eine flache Schale umgetopft oder in einen etwas tieferen Topf gesetzt werden, wenn ein kräftigeres Wurzelsystems erwünscht sein sollte.

Entfernen Sie alle Drähte und lassen Sie die Äste in der verbleibenden Wachstumszeit frei wachsen. Entfernen Sie die Originalwurzel vorsichtig vom Baumende, wenn Sie sicher sind, daß das Floß von dem neuen Wurzelsystem getragen werden kann. Beim Umtopfen (siehe S. 92-93) können Sie die Form und Ausrichtung des Bonsai neu anpassen und gegebenenfalls drahten. Die Äste werden dicker, wenn Sie die jungen Triebe bis auf eine Knospe zurückschneiden.

Räumliche Tiefe und Perspektive müssen deutlich zur Geltung kommen. Sie können selbst mit kleinen Ästen und Bäumen ein Gefühl von Weite erzeugen, wenn Sie die eigenen Merkmale des Floßes sorgfältig ausnutzen. Hier ist jeder Trick erlaubt, um die Illusion unterschiedlicher Entfernungen auf kleinem Raum zu erzeugen. Sie können beispielsweise die längsten Äste (das heißt diejenigen, die dem alten Wurzelballen am nächsten sind) für die Betrachtung aus der Nähe verwenden, die mittleren in die Mitte stellen und die kürzesten auf den am weitesten entfernten Punkt der Komposition. Sie können auch den längsten Ast nach vorne, die mittleren Äste in die Mitte und den kürzesten nach hinten in den Behälter stellen. Sobald Sie mit der Technik vertrauter sind, werden Sie vermutlich eigene interessante Konfigurationen erschaffen.

In Japan wurde das Aussehen dieses Baums angeblich mit einem Floß verglichen, das durch eine Reihe waagerechter, aus einem großen Balken wachsender Pfähle getragen wird.

Felspflanzungen

Es gibt verschiedene Formen, bei denen Bäume mit Steinen kombiniert werden. Bei Pflanzungen auf einem Felsen kann eine Pflanze mit langen, dünnen Wurzeln einen Felsen umklammern oder auf ihm wachsen, wenn kleine Vertiefungen als Pflanzlöcher verwendet werden.

Da Bonsai eine Darstellung der Natur im kleinen Maßstab ist, sollte der Fels (oder Berg) im Verhältnis viel größer sein als der Baum, der sich hartnäckig am Felsen festklammert.

Felspflanzungen

1. Legen Sie die Wurzeln des ausgewählten Baumes in die natürlichen Felsspalten. Verwenden Sie ein wenig Pflanzmasse (siehe S. 102) zur Fixierung.

2. Umwickeln Sie den Wurzelballen und den Stein fest mit Bast, wenn die Baumwurzeln zu kurz sind, um den Topf von vorneherein zu erreichen. Die Wurzeln können dadurch nicht seitlich herauswachsen.

3. Wickeln Sie den Wurzelstock in Plastikfolie. Setzen Sie ihn in einen tiefen, mit Sand gefüllten Topf, um die Bildung von langen, verzweigten Wurzeln zu fördern. Pflanzen Sie den Baum anschließend auf den Fels.

LINKS: *Juniperus procumbens* 'Nana' (Chinesischer Zwergwacholder). Dieser 40 Jahre alte Chinesische Zwergwacholder wird seit nahezu 30 Jahren als Bonsai auf dem Felsen erzogen. Er sitzt in einer ovalen, schwarzblauen Schale und ist 25,5 cm hoch.

Der Kiso nördlich von Kyoto. Der Fluß ist typisch für die japanische Landschaft; von hier kommen viele Bonsai (vor allem Sicheltannen von den Berghängen) und Gartensteine vom Flußufer.

Alternativ dazu können Steine sanftere, weniger steile Abhänge suggerieren, indem Sie eine Insel oder ein Bergplateau, einen kleinen Bach oder flacheren Hügel nachformen.

Der Anfänger findet in Baumschulen oder speziellen Bonsaibaumschulen geeignete Steine sowie Gebirgspflanzen. Unter Umständen finden Sie auch in der Natur passende Steine. Bedenken Sie jedoch, daß es an vielen Stränden und Naturschutzgebieten verboten ist, Steine mitzunehmen.

Wählen Sie einen rauhen Stein aus, der das erwünschte verwitterte Aussehen hat und Erde sowie Wurzeln ausreichend Halt bietet. Der Stein sollte zudem an der Unterseite möglichst abgeflacht sein. Entfernen Sie mit einer Säge und Schmirgelpapier unerwünschte Vorsprünge und Unebenheiten.

Wenn Sie eine weit entfernte Bergkette darstellen wollen, sollten die Gehölze wesentlich kleiner sein als der Stein und seine positiven und negativen Seiten gleichermaßen hervorheben. Wenn es sich jedoch um ein nahegelegenes »Bild« handelt, können Sie die Mängel des Steins mit Bäumen, Sträuchern, Moosen und Flechten kaschieren.

Sie verwenden am besten Pflanzen, die leicht erhältlich sind und in Ihrer Region wachsen. Da der Maßstab und die Proportionen eine wichtige Rolle beim Erfolg dieser Stilart spielen, sollten Sie eine kleinblättrige oder -nadelige Pflanze auswählen.

Der richtige Zeitpunkt für die Gestaltung Ihres Bonsai hängt von der jeweiligen Pflanzenart ab. Im allgemeinen sollten Sie die Pflanze unmittelbar vor dem Austreiben der Knospen im Frühjahr einsetzen, wenngleich einige immergrüne Pflanzen auch im Herbst eingepflanzt werden können. Günstig ist ein Zeitpunkt, zu dem der Baum möglichst wenig Schaden erleidet oder in seinem Wachstum unterbrochen wird, d. h. kurz vor dem Austreiben der Knospen und bei günstigen Wetterbedingungen.

Schwierigkeiten kann die Wahl einer geeigneten Schale bereiten. Jede flache Bonsaischale ist ein möglicher Kandidat (Sie sollten natürlich vermeiden, daß sie von der Felspflanzung ablenkt). Sie können Pflanzen mit flachen Wurzeln sechs Monate oder ein Jahr in tiefe Erde setzen, damit die Wurzeln stärker und länger wachsen. Anschließend nehmen Sie die Pflanze vorsichtig aus der Erde und reinigen die Wurzeln mit Wasser.

Bepflanzung des Felses

Sie benötigen gemahlenes oder ungemahlenes Torfmoos, sterilisierten Humus, etwas unvermischtes Perlit und Vermiculit, 8 bis10 cm langen, dünnen, U-förmig gebogenen Kupferdraht, kleine Lot- und Senkbleie oder Vorhanggewichte, Hammer, Meißel sowie einen Eimer lauwarmes Wasser.

Mischen Sie die ersten drei Komponenten zu gleichen Teilen. Fügen Sie dieser Mischung soviel Wasser hinzu, daß Sie daraus eine Kugel formen können. Kneten Sie diese und drücken Sie so viel Luft wie möglich aus der Mischung heraus. Diese Pflanzmasse sieht ähnlich aus wie Ton, dient als Kleber, schafft ein Wurzelbett und ein Medium, durch das die Pflanze die notwendigen Nährstoffe und Wasser aufnehmen kann.

Bei Felspflanzungen sind einige spezielle Techniken erforderlich. Entscheiden Sie, welche Seite Ihres Bonsai und des Steins vorne liegen soll. Der Stein muß naß sein, bevor Sie mit der Arbeit beginnen. Beschneiden Sie die winzigen Wurzeln sorgfältig. Lassen Sie möglichst viele längere Wurzeln stehen. Nach einem leichten Schnitt verzweigen sich die Wurzeln stärker, so daß der Bonsai sich schließlich an der Felsoberfläche festklammern kann.

Wenn Sie wissen, wie die Wurzeln um den Stamm herum gruppiert sind, können sie sich ihren natürlichen Fall besser vorstellen. Teilen Sie die Wurzeln in vier Teile (je ein Teil vorne, hinten, rechts und links). Lassen Sie möglichst viele Wurzeln stehen, die für die Komposition besonders wichtig sind. Sie werden zu entscheidenden Merkmalen der endgültigen Komposition.

Mit Hammer und Meißel wird ein kleines Loch im Stein angebracht und auf beiden Seiten davon eine kleine, abgestufte Felsspalte. Verkeilen Sie den Draht mit einem Gewicht im Loch; führen Sie die Drahtenden aus dem Loch, in die die Wurzel gesetzt werden soll, entlang der Spalte. Verfahren Sie bei jedem weiteren Loch genauso. (Einige Bonsaigärtner verwenden Epoxidharzkleber, um die Drähte zu fixieren, andere haben Bedenken wegen der Auswirkungen des Harzes auf die nackten Wurzeln und schaffen lieber ein festes Fundament ohne die Verwendung chemischer Substanzen. Da diese Verfahrensweise jedoch schon vielfach gelobt wurde, lohnt sich unter Umständen ein Versuch mit kleinen Pflanzen).

Streichen Sie die Pflanzmasse in die Löcher und abgestuften Felsspalten. Erweitern Sie die kleine Spalte so lange und füllen Sie mit Kleber aus, bis Sie auf den darunterbefindlichen Behälter stoßen. Decken Sie den Draht mit zerriebenem Torfmoos ab. Nun plazieren Sie den Bonsai an die gewünschte Stelle und führen seine Wurzeln direkt in die Spalten ein, um Sie schließlich in die Pflanzmasse einzubetten. Wenn die Wurzeln lang genug sind, um den Behälter zu erreichen, stecken Sie die Enden dort um den Fels herum in die Erde, so daß sie geschützt sind. Verstreichen Sie die Pflanzmasse an Stellen, wo Wurzeln den Stein berühren und sich um den Stein winden. Drehen Sie die Drähte vorsichtig um die Wurzeln herum fest, so daß sie genügend Platz haben, um weiter zu wachsen. Decken Sie die gedrahteten Wurzeln mit einer weiteren Schicht ungemahlenem Torfmmoos ab. Nun gießen Sie den Bonsai von unten nach oben, besprühen die Blätter und Wurzeln und sorgen dafür, daß Pflanzmasse und Moos an Ort und Stelle bleiben.

Bonsai auf einem Felsen werden hingegen in künstliche oder natürliche Löcher im Stein gepflanzt. Bohren oder meißeln Sie Löcher in den Stein, sofern keine vorhanden sind. Die Entwässerung ist im allgemeinen kein Problem, da das Loch nicht sehr tief ist und das Wasser somit rasch verdunstet.

Legen Sie das Loch mit einem feinen Nylonnetz aus, damit die Erde nicht herausgespült werden kann. Nun folgen eine Schicht feiner Kies und Erde, bevor die Pflanze eingesetzt wird. Fügen Sie weitere Erde hinzu und decken Sie das ganze mit Torfmoos ab.

Stellen Sie den fertigen Bonsai einige Wochen in den Schatten und setzen Sie ihn nur langsam dem Licht aus – sein endgültiger Standort liegt im Halbschatten. Bonsai auf und in einem Felsen reagieren besonders empfindlich auf Wind und Temperaturschwankungen. Man muß daher den Feuchtigkeitsgehalt des Bodens genau kontrollieren und Wurzeln, Nadeln und Blätter bei Bedarf bis zu zwei- oder dreimal täglich besprühen.

Nach etwa sechs Monaten sollte die äußere Schicht Torfmoos entfernt werden, damit sich dort keine neuen, wuchskräftigen Wurzeln entwickeln können. Gleichzeitig kann die Pflanzmasse von den Wurzeln abgespült werden, so daß der Wurzelverlauf auf dem Stein sichtbar wird.

Jetzt ist es auch an der Zeit, Bonsai von einem tiefen Behälter in die eigentliche Bonsaischale umzutopfen. Nehmen Sie die Pflanze vorsichtig heraus, ohne die Wurzelstruktur zu verletzen. Verteilen Sie Pflanzmasse um den Fels, um ihn in der Schale zu fixieren, sowie eine etwas leichtere Mischung mit relativ mehr Erde oder etwas Holzkohlegranulat, wenn Sie weitere Pflanzen einsetzen wollen.

Es braucht Zeit, bis man einen Bonsai kennt. Nach etwa sechs Monaten oder einem Jahr wissen Sie, was er mag und was nicht. Wenn Sie alle Jahreszeiten mit ihm erlebt haben und seine Reaktionen auf unterschiedliche Bedingungen kennen, wissen Sie sogar noch mehr.

Eine Ausnahme vom oben geschilderten Zeitplan ist der alte Baum, der neu auf einen Fels gesetzt werden soll. Bei älteren Pflanzen kann es Jahre dauern, bis die Wurzeln den Stein tatsächlich umklammern und Sie den gewünschten Effekt erzielen. Haben Sie Geduld. Wenn die Pflanze geeignet und der Stein charakteristisch ist, lohnt sich das Warten.

Wenngleich die Proportionen beim Bonsai wichtig sind, kann man in bezug auf die relative Größe von Stein und Behälter bei den schönsten Sammlungen der Welt gewaltige Unterschiede feststellen. Einige Felspflanzungen wachsen über Steine, die ihre flache Schale fast ganz füllen, während andere sehr wenig Raum einnehmen. Es gibt keine starren Regeln, allein der Betrachter entscheidet über die Schönheit. Dennoch sollte man stets die Proportionen beachten, bevor man eine spezifische Fels-Bonsai-Kombination auswählt.

Saikei

Saikei (sprich: »Sai-kej«) ist eine Bonsaiform, bei der einzeln erzogene Pflanzen zu einer realistischen, größenmäßig ausgewogenen Landschaft zusammengesetzt werden. Obwohl dies einfach klingt, ist hier einiges gärtnerisches Können gefordert, um ein natürliches Aussehen zu schaffen. Diese charakteristischen Pflanzen mit manchmal speziellen Eigenschaften können klein oder fehlerhaft sein. Oft handelt es sich um Exemplare, die für traditionelle Bonsai nicht geeignet sind. Sie können so klein sein, daß selbst Mame-Bonsai verwendet werden können. Selbst unverzweigte Sämlinge passen hierher.

In Gegensatz zu den bekannteren Bonsaiformen sind hier verschiedene Arten eher die Regel als die Ausnahme. Da Saikei die Nachahmung einer groß angelegten Landschaft in Miniaturform darstellt, ist die Verwendung verschiedener Pflanzensorten sogar notwendig. Beim Saikei werden jedoch keine Mehrfachstämme verwendet. Es gibt berühmte Bespiele, die nur eine einzige, gut gewachsene Pflanze in die fertige Landschaft setzen.

Beim Saikei sollten Pflanzen verwendet werden, die unter den gleichen Bedingungen wachsen. Ohne diese pflanzenbaulichen Ähnlichkeiten kann es nahezu unmöglich werden, eine Landschaft gesund zu halten.

Auch Felsen, Sand, Sträucher und begleitende Pflanzen, die im Wald und an der Küste wachsen, gehören zum Saikei.

Dieser Bonsai wurde als ästhetischer Blickfang und zur Ergänzung anderer Pflanzen – gleich einer Felspflanzung – in einen Baumstumpf gepflanzt. Das größte Problem ist die Wasserversorgung: Bei diesem Objekt aus der Ueda-Sammlung steht die Pflanzung in einem Gartenteich.

Es können eigentlich alle Spielarten der Natur – Flüsse, Bäche, umgestürzte Bäume, Strände, schroffe Felsen oder Riffe, Wasserfälle, Teiche, Sümpfe und Lichtungen – in Saikei eingefangen werden. Ihre Aufgabe besteht darin, all diese Elemente mit den Bäumen, Sträuchern, Moosen und Flechten zu einem harmonischen Ganzen zu kombinieren und dabei Material zu verwenden, daß in einer Schale zusammenlebt.

Beim Saikei werden die gleichen Ausdrücke wie beim traditionellen Bonsai verwendet: strenge, freie, windgepeitschte und kaskadenartige Formen; der Maßstab und die Proportionen zwischen Pflanzen und Felsen sind wesentlich. (Es ist nicht unbedingt erforderlich, Felsen in eine Saikei-Komposition zu setzen und es gibt bekannte Beispiele, die darauf verzichten; bei den meisten findet man jedoch einen oder mehrere Felsen.) Das Ziel ist ein harmonisches Gesamtbild.

Suchen Sie nicht nur auffallend schroffe Felsen, sondern auch solche mit einer weißen oder beigen, von oben nach unten verlaufenden Maserung, die einen Wasserfall darstellen könnte. Halten Sie Ausschau nach einem Stein, der aussieht wie eine Bergterrasse, oder nach einem schroffen Felsen mit einem ausgeprägten Plateau, das in Ihrer Komposition den Rasen unter einem Abgrund darstellen könnte. Schöpfen Sie alle Möglichkeiten aus, die ein Stein für eine realistische Nachbildung bieten kann.

Die Steine sollten ebenso behandelt werden wie bei herkömmlichen Felspflanzungen. Sie benötigen Pflanzmasse und Draht, Moos und Meißel. Auch Tonschalen oder interessante Steine, Zement oder Holz können nützlich sein. Waschen Sie die Erde von den Wurzeln, ohne den Wurzelballen

OBEN: Felsenpflanzung aus der Ueda-Sammlung. Dieser Baum befindet sich auf einem 3 m langen, aus einem einzigen Stein gefertigten Tisch im Garten. Der Bonsai wird von Zeit zu Zeit gedreht, damit er gleichmäßig wächst.

GEGENÜBERLIEGENDE SEITE: Saikai, der von Frank Okamura nach einem Seminar mit den führenden Meistern dieser Gestaltungsform, Toshio Kawamoto und Tom Yamamoto, kreiert wurde. Hier sind fünf Arten miteinander kombiniert: *Chamaecyparis obtusa* 'Nana' (Zwergform der Hinoki-Scheinzypresse), *Chaemaecyparis pisifera* 'Snow' (Sawara-Scheinzypresse), *Juniperus chinensis* (Chinesischer Wacholder), *Rhododendron* (kleinblättrige Azalee) und *Picea abies* 'Maxwellii' (Zwergsorte der Gemeinen Fichte) sowie Steine und Unterpflanzungen. Die Landschaft ist 61 cm lang und 51 cm breit.

zu beschädigen. Teilen Sie die Wurzeln in vier Teile auf, damit sie natürlich fallen. Wenn Sie unterschiedliche Pflanzen verwenden, suchen Sie Blätter, Stämme und Aststellungen aus, die maßstabgetreu und harmonisch wirken. Wenn Sie Bodenbedeckung und begleitende Pflanzen vorsehen, sollten Erde und Fels dennoch sichtbar bleiben.

Sofern der Stein die Rolle eines Berges übernehmen soll, müssen die Pflanzen entsprechend kleiner sein; andernfalls dürfen die Pflanzen dominieren. Felsen wirken natürlicher, wenn sie zum Teil im Boden vergegraben sind.

Moose, Flechten und kleine Veilchen, die durch sorgfältigen Schnitt sogar noch kleiner werden, Gräser, Miniaturveronikas und Thymian, all dies ist verwendbar, sofern es zur gewünschten Szenerie paßt. Einige von diesen Pflanzen wachsen wild in Städten und auf dem Land, sind unempfindlich gegen Trockenheit und Umweltschmutz und kosten nichts (pflücken Sie jedoch niemals naturgeschützte Wildblumenarten!).

Wie bei anderen Felspflanzungen spielt auch hier das Wässern eine zentrale Rolle. Stellen Sie Saikei in den Halbschatten und gießen Sie zwei- bis dreimal täglich. Dies ist erforderlich, da das Wasser schnell abläuft und nur schlecht gespeichert wird.

Ausstellung im Freien

Es ist aus verschiedenen Gründen wichtig, wie Bonsai ausgestellt werden. Man kann sie zum einen von ihrer besten Seite zeigen, zum anderen kann der Standort den Bonsai zusätzlich schützen: vor Haustieren, Wildtieren oder Wind. Außerdem hält der richtige Standort den Bonsai gesund.

Bonsai passen in Gärten, in denen sie natürlich wirken. Sie stehen mit den normalen, vergleichsweise riesigen Gartenpflanzen nicht in Konkurrenz und werden vor einem neutralen Hintergrund plaziert.

Ein guter Hintergrund können ein Zaun, eine Garagenwand, die das Licht nicht zu stark reflektiert, eine gespannte Stroh- oder Bambusmatte, bemalte oder gebeizte Holzbretter, eine Wand aus Zementsteinen oder Kunststoff in gedämpften Tönen, eine Laubwand aus Kletterwein oder eine Hecke sein. Im Grunde ist jeder Hintergrund erlaubt, und man kann hier seiner Phantasie freien Lauf lassen. Nur eine Regel ist unantastbar: Der Hintergrund muß unaufdringlich sein und darf nicht vom Bonsai ablenken, er darf also weder pinkfarben noch dunkelblau sein! Schattierungen zwischen beige und bräunlichen Tönen, zwischen zartgrau und blaßblau, selbst einige gedämpfte Orange- oder Goldtöne sind möglich.

Juniperus chinensis 'Sargentii' (Chinesischer Wacholder). Dieser Chinesische Wacholder steht im Yonan-so-Hotel in Utsunomiya und gehört zur Sudo-Sammlung; die Treibholzform mit ihrem fein geschwungenen Stamm und dem leuchtendgrünen, fein strukturierten Blattwerk wird perfekt durch die Bildrolle »Mond mit Wolken« an der Wand ergänzt . Chinesische Wacholder sind für zahlreiche Gestaltungsformen bestens geeignet, da sie sehr biegsame Stämme und Äste haben und unbeschadet geformt werden können.

Die meisten Bonsai brauchen Sonne. Die Sonnenwärme beschleunigt jedoch den Wasserverbrauch der Pflanze und die Verdunstung. Wenn der Boden austrocknet, leiden die Wurzeln. Wägen Sie deshalb ab, aus welcher Richtung und mit welcher Intensität Ihre Sammlung Sonne bekommen soll. Möglicherweise braucht sie auch im Frühjahr und Herbst, wenn die Sonne weniger Kraft hat und die Pflanzen entweder neue Triebe ansetzen oder diese für den Winter aushärten, volle Sonnenexposition. Eine ausreichende, mäßige Besonnung ist der Schlüssel zum Erfolg.

Sie können die Strahlung mildern, indem Sie Ihrer Sammlung einen »Sonnenhut« verpassen. Ein einfaches, aus einem Schneefanggitter gefertigtes Dach (Latten, die mit verzinktem Draht miteinander verbunden sind) sieht gut aus und ist außerdem praktisch, da es die Sonneneinstrahlung um etwa die Hälfte reduziert. Auf diese Weise können die Bonsai die Sonnenstrahlen maximal ausnützen, ohne unter Temperaturspitzen zu leiden. Auch der Wind kann eine Sammlung verwüsten. Dies läßt sich vermeiden, wenn man das Gitter auf beiden Seiten des »Sonnenhuts« und dahinter herunterhängen läßt.

An wolkigen Tagen rollen Sie das Gitter auf und befestigen es mit einem Stück Draht. Wenn es besonders windig oder sonnig und heiß ist, rollen Sie es zum zusätzlichen Schutz weiter herunter. Es bildet einen stabilen Schutzschirm im Freien.

Sofern dies nicht machbar ist, kann man die Pflanzen einige Stunden der Sonne aussetzen und anschließend wieder in den Schatten oder Halbschatten zurückstellen. Am besten ist ein Standort, an dem die Pflanzen vorwiegend der Morgensonne und nur kurz der Mittagssonne ausgesetzt sind.

Worauf sollte der Bonsai stehen? Im Grunde lediglich auf einer sicheren Unterlage. Viele Varianten sind möglich, angefangen von Tischen und Bänken, Holz- oder Kunststoffbrettern auf Zement- oder Ziegelsteinen, bis hin zu professionellen Gestellen, bei denen der kleinste Bonsai auf dem obersten, schmalsten und der größte auf dem untersten, breitesten Brett steht.

Für Bonsai gibt es spezielle Stein- und Stuckwände mit vorstehenden Simsen aus Stein. Es gibt hohe Säulen aus gegossenem Zement, die fest in der Erde verankert werden; auf ihnen kommen Kaskadenbonsai besonders gut zur Geltung. Für streng aufrechte Formen und Waldpflanzungen wurden kürzere Versionen der gleichen Säulen konstruiert. Aber im allgemeinen braucht ein erfolgreicher Bonsaigärtner nur mäßig Platz, Zeit und Geld für seine Sammlung. Vor allem benötigt er Wissen und Engagement.

Schon unter den widrigsten Bedingungen wurden wunderschöne Bonsai gezogen und erhalten: in Stadtzentren, auf Balkonen und Dachterrassen, auf Hausbooten, in den heißfeuchten Tropen und in den kältesten Regionen der Welt. Es ist wichtig, den Bäumen ausreichend Wasser, Sonne und Luft zu verschaffen. Viele Anfänger können nur schwer verstehen, daß Bonsai im Grunde robuste Pflanzen sind, die unter den entsprechenden Bedingungen auch blühen.

Bonsai können als Sammlung, aber auch einzeln präsentiert werden. In Sammlungen muß genügend Platz vorhanden sein, damit nicht die Sicht auf die Nachbarbonsai verdeckt wird. Aber es sollten auch nicht zuviel Zwischenräume vorhanden sein, da die Pflanzen sonst unscheinbar wirken.

Bonsai können zu besonderen Gelegenheiten ins Haus gestellt werden. Selbst mitten im Winter können sie ein oder zwei Tage im Inneren verbleiben. Es ist hilfreich, wenn sie über Nacht in ein ungeheiztes Zimmer gestellt werden. Die Pflanzen sollten jedoch möglichst bald wieder ins Freie zurückgestellt werden, damit sie nicht zum Wachstum und zur Produktion von Pflanzensaft angeregt werden.

Stellen Sie Bonsai stets in Augenhöhe auf, vor allem wenn sie eine gewisse Zeit im Haus stehen bleiben. »Augenhöhe« bedeutet in einem Wohnzimmer, einer Eingangshalle oder einem Eßzimmer natürlich nicht das gleiche. Sorgen Sie dafür, daß Ihr Bonsai in jeder Situation möglichst vorteilhaft zur Geltung kommt. Man sollte einen Bewunderer nie dazu zwingen, einen Bonsai von oben zu betrachten. Man darf nie auf Bonsai herabblicken, sondern muß sie aus einer entsprechende Höhe betrachten.

Die Präsentation von Bonsai – ob es sich nun um eine Sammlung oder um ein einzelnes Exemplar handelt – bleibt ihre Phantasie überlassen. Auf gärtnerisches Können sollte man jedoch auf keinen Fall verzichten, wenn man eine Sammlung anstrebt, die im Laufe des Jahres die Sinne und Gefühle mehr und mehr betört. Und es wäre doch schade, wenn dies nicht gelänge, da eine der Hauptfreuden am Bonsai darin besteht, mit ihnen zu arbeiten!

Kapitel 7

Zimmerbonsai

Wenn Sie das Bonsaifieber gepackt hat, wird es für Sie vermutlich die größte Strafe sein, im Winter von Ihren Bäumen getrennt zu sein; dies wird jedoch in den meisten Klimazonen der Welt mehr oder weniger der Fall sein.

Die Kultivierung von Zimmerbonsai kann hier Abhilfe schaffen und Ihnen zu der inneren Befriedigung verhelfen, die Schnitt, Drahten, Gießen, Umtopfen und Düngen mit sich bringen.

Es gibt eine sehr große Auswahl an Zimmerpflanzen. Jede Pflanze die nicht den Winter im Freien verbringen muß und zu den Gehölzen zählt, ist ein potentieller Kandidat. Bei der Erziehung dieser Pflanzen zu Zimmerbonsai können Sie in jeder Entwicklungsphase eine absolute Kontrolle über sie ausüben. Sie haben jetzt mehr mit der Schaffung einer »Umwelt« zu tun als die Natur, wenn sie der Pflanze Licht- und Schatten, Feuchtigkeit und Trockenheit, Erde, Nährstoffe und Wärme liefern.

Natürlich braucht die Pflanze Bedingungen, die ihren besonderen Bedürfnissen angepaßt sind. Ob es zu einem erfolgreichen Experiment oder einem Desaster wird, hängt einzig und allein von demjenigen ab, der die Pflanze versorgt. Im Gegensatz zur herkömmlichen Meinung sind Zimmerbonsai weder schwieriger noch leichter zu pflegen als Freilandpflanzen – sondern einfach anders.

Besuchen Sie bekannte Sammlungen, Baumschulen und Treibhäuser, wenn Sie etwas über geeignete Zimmerbonsai erfahren wollen. Im nachfolgenden Kapitel erfahren Sie, wie Sie die Pflanzen versorgen.

Cotoneaster microphyllus var. *thymifolius* (Zwergmispel).
Die Erziehung dieses frei aufrechten Bonsai begann Frank Okamura vor 27 Jahren an einem Sämling im Brooklyn Botanic Garden. Er steht in einer ovalen, grün glasierten, 13 cm langen, 9 cm breiten und 4 cm hohen Schale. Der Bonsai ist insgesamt 15 cm lang, 11,5 cm breit und 18 cm hoch.

Erste Überlegungen

Es gibt mehrere hundert Pflanzen, die als Zimmerbonsai geeignet sind. Man kann alle Gehölze verwenden, die einen Stamm aufweisen, in den Tropen oder Subtropen wachsen und in vielen Klimazonen beschönigend als »Zimmerpflanzen« bezeichnet werden. Man darf jedoch nie vergessen, daß es sich hierbei zwar in bestimmten Regionen um Zimmerpflanzen handelt, diese aber in anderen Regionen im Freien wachsen.

Zimmerbonsai sind inzwischen weit verbreitet. Es gibt interessante Unterschiede zwischen ihnen. Einige Bonsaifreunde verfügen nicht nur über wertvolle Sammlungen, sondern lassen einige Pflanzen das ganze Jahr über in der Wohnung stehen und stellen andere in der wärmsten Jahreszeit der Wachstumsperiode ins Freie, um sie lange vor dem Absinken der Temperaturen und der Abnahme der Lichtintensität wieder ins Haus zu bringen.

Man muß den Zimmerbonsai bei einem Aufenthalt im Freien vor zahlreichen Insekten und Krankheiten schützen, die potentielle Schäden anrichten könnte. Feinde, die in ihr Territorium – also Erde, Blätter oder Holz – eingedrungen sind, könnten unentdeckt bleiben und unbehelligt ihre Zerstörung fortsetzen, wenn der befallene Bonsai wieder in den Innenraum gestellt wird. Dies könnte das Ende des Bonsai bedeuten, da hier die Kampfgenossen fehlen, auf die sich ein Freilandexemplar verlassen kann.

Bevor eine neue Pflanze oder Freilandpflanze in die Zimmersammlung integriert wird, sollte sie zunächst zwei oder drei Wochen isoliert aufgestellt werden. Durch diese einfache Vorsichtsmaßnahme kann das Übergreifen von Schädlingen oder Krankheiten deutlich reduziert werden.

Licht

Die Frage des Lichts stellt sich hier in gleicher Weise wie bei den Freilandpflanzen (siehe S. 107). Es ist das Ziel, das natürliche Licht optimal auszunützen oder eine künstliche Lichtquelle zu montieren. Durch die Fenster fällt zwar natürliches Licht ein, Glas und darauf befindlicher Schmutz absorbieren jedoch einen Teil davon; auch die Winkelstellung der Fenster sowie ihre Größe haben einen Einfluß darauf, wie weit das Licht in den Raum eindringt. Die Lichtqualität ist umso geringer, je mehr von der Einrichtung »verschluckt« wird.

Der Abstand des Bonsai vom Fenster hat demnach einen großen Einfluß darauf, ob er gedeiht, blüht, Früchte und Zapfen trägt.

Die verfügbare Lichtmenge hängt zudem auch von der Jahreszeit ab. Da die Einstrahlung im Herbst allmählich abnimmt, sollte man »Sonnenanbeter« an ein helles Fenster stellen. Im Winter nimmt die natürliche Lichteinstrahlung ab, auch sehr helle Standorte sind deshalb nun dunkler. Für einen Bonsai mit geringen Lichtansprüchen stellt dies kein Problem dar. Bei Pflanzen mit höheren Ansprüchen ist das Anbringen einer zusätzlichen Lichtquelle zu überlegen.

Hier gibt es verschiedene Möglichkeiten, z. B. längliche Leuchtstoffröhren (Langfeldleuchten) oder kleinere, runde Ausführungen, die sich alle in speziellen Fassungen befinden. Da die Leuchten jedoch nicht besonders schön sind, können Sie in einem gemütlichen Innenraum störend wirken.

Viele Bonsaifreunde haben spezielle Bonsaiwägelchen fürs Haus gebaut. Sie bestehen aus Holzregalen und -gestellen mit integrierten Leuchtstofflampen. Andere haben hohe »Lichtkästen« aus gebeiztem, bemaltem Holz gebastelt, die die erforderlichen Leuchten enthalten. Die Kästen sehen wie Lautsprecher aus. Sie können – je nach Größe – am Boden stehen oder an der Wand hängen; man kann sie drehen, um die richtigen Pflanzen zu bestrahlen.

Andere Gärtner stellen ihre Bonsai in einem separaten Raum auf – im Keller, Speicher, in der Garage oder einem Wintergarten – was viele Maßnahmen, darunter auch die Beleuchtung, erleichtert. Auf der anderen Seite soll die Sammlung ja auch zur Geltung kommen. Will man die Bonsai gebührend bewundern, müssen sie zuerst in den Wohnraum und anschließend wieder in ihr Quartier zurückgebracht werden.

Im allgemeinen genügt es für die meisten Bonsai, zwei Langfeldleuchten in einem maximalen Abstand von 8 cm über den Pflanzen anzubringen. Die Leuchten sollten aber höchstens 18 Stunden pro Tag eingeschaltet sein; die Bonsai sollten jede Woche um 90 Grad gedreht werden, damit sie nicht einseitig wachsen.

Der Bonsai profitiert am meisten davon, wenn man natürliches und künstliches Licht miteinander kombiniert.

Es ist schließlich das Ziel, die natürlichen Bedingungen der Pflanze so weit wie möglich nachzustellen. Die Bedingungen mögen zwar sehr ähnlich sein, dennoch wachsen die Bonsai in

GEGENÜBERLIEGENDE SEITE: *Chamaecyparis obtusa* 'Nana Gracilis' (Hinoki-Scheinzypresse).
Ihr Alter wird auf circa 40 Jahre geschätzt. Sie wurde als frei aufrechter Doppelstamm 20 Jahre lang erzogen, bevor sie in diese rechteckige, braune, unglasierte Schale gesetzt wurde. Es handelt sich um eine in westlichen Ländern beliebte, langsam wachsende Zwergform (51 cm lang, 41 cm breit und 81 cm hoch).

kleinen Schalen mit wenig Erde, die schnell austrocknet. Es empfiehlt sich das ganze Jahr hindurch, die Pflanzen zudem vor Kälte und extremer Hitze zu schützen.

Temperatur

Es gibt mehrere hundert Pflanzen, die sich für die Zimmerkultur eignen. Da jedoch die Innentemperaturen in manchen Regionen den Außentemperaturen entsprechen, sollten Sie sich über die Bedürfnisse der Pflanzen erst informieren, bevor Sie sie in die Wohnung stellen.

Einige Pflanzengruppen sollten Sie zuerst in Erwägung ziehen: einheimische Pflanzen, die sowohl in Zimmerkultur als auch im Freiland wachsen, sowie tropische und subtropische Pflanzen. Sie alle gedeihen – zumindest bis zu einem gewissen Grad – in Zimmerkultur, wenn die Bedingungen den Freilandverhältnissen in vernünftigem Maße entsprechen.

Wenn Sie heimische Freilandpflanzen als Zimmerbonsai auswählen, müssen sich diese zunächst an die geringere Lichtmenge und an die Temperaturveränderung anpassen, bevor sie an ihren neuen Standort gestellt werden. Es genügt, wenn Sie die Pflanzen drei oder vier Wochen in den Schatten stellen. Sie müssen mit dieser Maßnahme jedoch beginnen, bevor die Außentemperaturen mit dem Wechsel der Jahreszeit absinken.

Bei Zimmerbonsai gibt es keine allgemeingültigen Temperaturregeln, sie sollten nach Möglichkeit den natürlichen Bedingungen der Pflanze angepaßt sein. Tropische Gewächse brauchen konstante Temperaturen zwischen 15°C und 24°C, da dies ihrem natürlichen Temperaturbereich entspricht.

Die meisten tropischen Gehölze (siehe Kapitel 8) fühlen sich bei Temperaturen wohl, die nachts nicht weit unter 15°C fallen. Die Behandlung der Pflanzen hängt davon ab, aus welcher Region sie stammen. Pflanzen subtropischen Ursprungs brauchen hingegen Temperaturen zwischen 5°C und 15°C. Im künstlich nachempfundenen Winter vertragen sie Tagestemperaturen bis 12°C und ein nächtliches Absinken der Temperatur bis auf 5°C. Dieser deutliche Temperaturabfall ermöglicht es der Pflanze, sich auszuruhen und von der Photosynthese, dem Wachsen und Blühen zu erholen.

Der richtige Standort in einem Zimmer kann dazu beitragen, die Temperatur und Lichteinwirkung den Bedürfnissen der meisten Pflanzen anzupassen. Da das Sonnenlicht vom Fensterglas absorbiert wird, vertragen die meisten Pflanzen (auch tropische und gemäßigte Arten, die im Halbschatten wachsen) soviel Licht wie möglich. Sie dürfen selbst auf der Südseite stehen, vorausgesetzt, der Standort ist gut belüftet.

GEGENÜBERLIEGENDE SEITE: *Leptospermum sp.* Doppelstamm mit hübschen pinkfarbenen Blüten und kleinen, gedrungenen Blättern, der aus einem Wurzelsteckling gezogen wurde. 1975 wurde er in den hier abgebildeten, rechteckigen, braunen Behälter gesetzt. Der Bonsai ist 16,5 cm lang und breit und 25,5 cm hoch. Die Pflanze ist in Australien, Neuseeland und Malaysia beheimatet und für die Zimmerhaltung bestens geeignet.

Rhododendron indicum (Azalee).
Diese wunderschöne, frei aufrechte Azalee stammt aus der Sudo-Sammlung in Japan. Die Blüte wirkt zwar zart, der Bonsai selbst vermittelt jedoch den Eindruck großer Stärke, vor allem durch seinen mächtigen Stamm. Auf der Bildrolle im Hintergrund ist eine Schwalbe im Wind zu sehen. Dies ist eine perfekte Ergänzung, da Schwalben in der Blütezeit dieser Azalee brüten. (Aufgenommen im Yonan-so-Hotel in Utsunomiya; Bildrolle mit freundlicher Genehmigung von Frau Nakamura).

Keine Pflanze verträgt starken Luftzug oder ständige Temperaturschwankungen, vor allem wenn sie in einer flachen Schale lebt und ihr Wurzelsystem nur von wenig Erde geschützt wird. Luftzug schadet ihrer Gesundheit. Wählen Sie daher einen Standort mit einem ausreichenden Abstand zu Türen und Fenstern ohne Isolierverglasung. Dieser Schritt trägt wesentlich dazu bei, daß die Pflanze vor Luftzug geschützt ist und konstante Temperaturen vorfindet.

Einige winterharte Freilandpflanzen gedeihen auch in Zimmerkultur gut. Die Temperaturen und das Licht müssen den natürlichen Gegebenheiten der Pflanze entsprechen. Die Lichtmenge kann durch Leuchtstofflampen, Reflektoren, Spiegel oder verspiegelte Folie gesteigert werden.

In einer Wohnung können Sie winterliche Temperaturen erzeugen, indem Sie Ihren Bonsai für kurze Zeit in den Kühlschrank stellen. Die herbstlichen Veränderungen erzeugen Sie, indem Sie die Lichtmenge bis zur Vorruhezeit, in der sich das Laub bunt färbt, und bis zur Ruhezeit, in der laubwechselnde Bäume die Blätter abwerfen, reduzieren.

Bäume, die den Sommer im Freien verbringen, sollten im Herbst – bevor die Nachttemperaturen unter 10°C fallen und die Tagestemperaturen sinken – ins Haus gebracht werden. Im Idealfall sollten die Innen- und Außentemperaturen übereinstimmen, damit der Bonsai keinen Schock erleidet.

In einem Notfall (bei übermäßig kühlen Temperaturen oder einem Temperatureinbruch) hilft eine Steigerung der Feuchtigkeit. Erhöht man jedoch die Feuchtigkeit zu lange oder zu stark, besteht die Gefahr, daß die Pflanze außerhalb der Vegetationsperiode oder atypisch wächst. Wenn sich die Pflanze an diese Bedingungen gewöhnt, kann es schwierig sein, sie wieder umzugewöhnen. Sie sollten also die Wachstumsbedingungen nicht allzu häufig ändern.

Das Verstellen eines Zimmerbonsai von einem wärmeren, helleren Platz mit Tageslicht in ein kühleres, dunkles Nachtquartier bereitet weniger Schwierigkeiten als das Einrichten eines speziellen Bonsaibereiches im Haus. Aber auch hier können eigene Probleme auftreten, wenn die Zeit und Konstanz der Standorte variieren.

Heizkörper können oft der Tod eines Bonsai sein, während sie für Menschen in kälteren Regionen ein Segen sind. Da Heizkörper meist unter dem Fenster, also der natürlichen Lichtquelle, stehen und hier gleichzeitig die größte Kälte ins Haus dringt, ist die Temperaturregelung eine heikle Frage. Für Zimmerbonsai ist der Heizkörper ein zweischneidiges Schwert, sowohl was die Temperatur als auch was die Feuchtigkeit betrifft (siehe S. 118-119).

Luft

Eines der schwierig reproduzierbaren Phänomene im Innenraum ist die Frischluft. Für viele Bonsai ist ein Sommerplatz im Freien besser, selbst wenn sie dort nur kurz stehen können. Ein vorübergehender Standort kann ein Picknicktisch auf einer Terrasse oder eine Feuerleiter sein. Da die Bonsai nicht an Sonne, Wind und Regen gewöhnt sind, brauchen sie einige Wochen, um sich an die neuen Bedingungen anzupassen. Man sollte genau beobachten, ob sie Zeichen von Streß zeigen.

Die meisten Zimmerbonsai aus gemäßigten bis warmen gemäßigten Klimazonen vertragen volle Sonneneinstrahlung, vorausgesetzt, sie erhalten genügend Wasser und werden vor trockenem Wind geschützt. Wenn Sie Zweifel haben, ob der Baum die pralle Sonne verträgt (vor allem bei kleinen Pflanzen in kleinen Töpfen), sollten Sie den Standort mit einem Sonnendach aus Holzlatten beschatten.

Im Freien trägt die Luftzirkulation zur Entwicklung von kräftigem Holz und Blattwerk bei; sie hält zudem Krankheiten und Schädlinge fern. Bei starkem Wind kann der Bonsai beschädigt oder sogar entwurzelt werden. Dabei können große Äste verletzt werden oder abbrechen. Um dies zu verhindern, sollten der Baum in der Schale und die Schale wiederum auf ihrem Gestell mit Drähten fixiert werden.

Vor dem Einräumen in das Winterquartier müssen eventuelle Schädlinge und Krankheiten beseitigt und die passenden Bedingungen geschaffen werden, um die Pflanzen vor

Ausschnitt aus der Abbildung von Seite 114. Die pinkfarbenen Blüten sind sternförmig und so dicht, daß sie in manchen Bereichen die Blätter darunter fast verdecken. Diese Azaleen sind in Japan beheimatet und gehören zu den am weitesten verbreiteten Bonsaiziersträuchern.

einem Schock zu bewahren. Bereiten Sie das Winterquartier rechtzeitig vor, damit Sie Ihre Bonsai ins Haus bringen können, lange bevor die Wetteränderung einsetzt.

Das Gießen von Zimmerbonsai

Das Gießen von Zimmerbonsai erfolgt ähnlich wie bei Freilandbonsai. Sie müssen jedoch den gesamten Wasserbedarf decken – hier gibt es weder frischen Morgentau, noch eine kleine Erfrischung durch einen Schauer am Nachmittag und natürlich auch keinen ergiebigen Regen. Statt dessen hängt der Bonsai von der Pflege seines Betreuers ab, und es liegt in Ihrer Verantwortung, ihn mit der richtigen Menge Wasser zu versorgen.

Das Geheimnis liegt darin, die Bedürfnisse und Gewohnheiten der Pflanzen zu kennen. Eine Gardenie muß eben ganz anders gegossen werden als ein Kaktus und umgekehrt. Erstere braucht extrem viel Wasser und Feuchtigkeit und letzterer ist an starke Entwässerung, wenig Wasser und geringe Luftfeuchtigkeit gewöhnt.

Allen Zimmerbonsai ist gemeinsam, daß sie Wasser brauchen, bevor ihre Erde völlig trocken ist. Dies kann man an verschiedenen Dingen erkennen: Die Erde ist heller als normal; Moos an der Oberfläche trocknet aus und verliert seinen Glanz; es bleibt keine Erde am Finger hängen, wenn Sie ihn in die Schale stecken und wieder herausziehen; es klingt hohl, wenn Sie die Schale vorsichtig auf eine feste Unterlage klopfen.

Für das Wässern von Zimmer- und Freilandbonsai gelten die gleichen Prinzipien (siehe S. 53-54), obwohl Zimmerbonsai zusätzlich besprüht und ins Wasser getaucht werden müssen. Man sollte Zimmerbonsai im Schatten besprühen, damit sie nicht von der Sonne versengt werden. Dies sollte so früh erfolgen, daß die Pflanzen vor Einbruch der Nacht wieder trocknen und sich keine Bakterien und Pilze auf ihnen ansiedeln können. Auf das Eintauchen von Schale und Wurzelballen in lauwarmes Wasser wird auch bei Zimmerbonsai oft zurückgegriffen. Dabei sollte man zunächst die Oberfläche befeuchten, damit das Moos oder die Bodenbepflanzung nicht weggeschwemmt werden. Das Eintauchen ist besonders wirkungsvoll, wenn der Bonsai welkt. Sobald keine Luftblasen mehr an die Oberfläche steigen, kann die Schale aus dem Wasser genommen werden. Die Erde ist nun vollständig durchfeuchtet.

Am besten wird lauwarmes Wasser aufgenommen. Man kann Leitungswasser verwenden, sofern es nur geringe chemische Zusätze enthält. Lassen Sie das Wasser untersuchen, wenn Sie in bezug auf seine Zusammensetzung Bedenken haben. Sie können auch einen großen, sauberen Behälter mit abgestandenem Leitungswasser benutzen; viele flüchtige Chemikalien sind dann verdunstet.

Die meisten Bonsailiebhaber sammeln Regenwasser in einer Zisterne, das sie ausschließlich für ihre Bonsai verwenden. Hilfreich sind eine Gießkanne mit einem feinen Brauseaufsatz und ein Schöpflöffel.

Vermutlich werden Sie anfangs zunächst Schwierigkeiten haben, die richtige Wassermenge herauszufinden.

Hier ist es schwierig, nicht zuviel oder zuwenig des Guten zu tun; auch die Anzeichen sind oft schwer erkennbar. Man sollte stets bedenken, daß Bonsai in den Wintermonaten weniger Wasser brauchen, da ihr Wachstum in dieser Zeit stark gebremst ist. Die meisten Bonsaifreunde bestimmen den Wasserbedarf aufgrund des Aussehens von Baum, Blättern und Boden; es spielt auch eine Rolle, wie sich die Erde anfühlt. All diese Dinge sind Erfahrungsache.

Luftfeuchtigkeit

Die Luftfeuchtigkeit ist bei Zimmerbonsai ein wichtiger, häufig nicht berücksichtigter Faktor. Das Ziel ist nicht eine hohe, sondern die richtige Luftfeuchtigkeit.

Bei zu niedriger Luftfeuchtigkeit übersteigt die Wasserverdunstung über die Blätter die Wasseraufnahme der Wurzeln. Der Kauf eines Hygrometers empfiehlt sich, um die relative Luftfeuchtigkeit zu messen. Sie wird in warmen Räumen gering sein, da Wasser bei Wärme schneller verdunstet. Bei zu niedrigen Werten zeigt es zudem an, daß die Luft zusätzlich befeuchtet werden muß. In jedem Fall vertragen alle Innenräume eine kräftige Erhöhung der Luftfeuchtigkeit, sobald in den kalten Wintermonaten die Heizperiode beginnt – dies ist zudem auch für alle Bewohner gesünder, seien es Menschen, Tiere oder Pflanzen, selbst Ihre Holzmöbel werden es Ihnen danken.

Ein Luftbefeuchter ist eine gute, günstige Lösung. Noch kostengünstiger ist es, wenn Sie an unauffälligen Stellen im Raum Schalen mit Wasser aufstellen oder Wasserbehälter, die man früher an die Heizkörper hängte, wieder aus der Mot-

Jacaranda mimosifolia. Diese Pflanze wuchs in einem tropischen Treibhaus, bevor sie zum Bonsai erzogen wurde. Sie ist als Zimmerbonsai bestens geeignet. Dieser frei aufrechte Baum ist ca. 40 Jahre alt; 1976 wurde er in einer Zimmerbonsaischau des Brooklyn Botanic Garden ausgestellt.

tenkiste holen. (Natürlich funktioniert dies auch nur bei älteren Heizkörpern, da moderne Modelle keine Befestigungsmöglichkeiten bieten.)

Flache, mit sauberen Kieseln gefüllte Kunststoff- oder Metallschalen sind sehr wirkungsvoll. Füllen Sie diese bis zur Unterkante der Kieseloberfläche mit Wasser auf. Aufgrund der Wasserverdunstung erhöht sich die Luftfeuchtigkeit in der unmittelbaren Umgebung. Überprüfen Sie den Wasserstand täglich und füllen Sie bei Bedarf Wasser nach. Es ist ebenfalls zweckmäßig, die Schalen regelmäßig zu reinigen, um sie von Kalk und anderen Belägen zu befreien.

Auch das Besprühen der Pflanzen ist eine wirksame Methode, um die Luftfeuchtigkeit zu erhöhen. Die Wirkung hält jedoch nicht lange an und kann dem Bonsai mehr schaden als nützen: Zum einen wird die Zusammensetzung der Luft durch das Besprühen abrupt verändert, zum anderen wird der Wasserdampf der Pflanze sehr rasch entzogen, so daß sie ihre biologische Aktivität erneut den Gegebenheiten anpassen muß. Anzustreben ist eine dauerhafte Situation, wobei die Pflanze in einem bereits wirksamen Befeuchtungsprogramm bei Bedarf zusätzlich mit Wasser besprüht werden kann.

Bonsai schätzen es, wenn man sie etwa einmal im Monat abduscht. Die Badewanne ist hierfür bestens geeignet, da Sie genügend Platz bietet; darin können auch Stamm sowie Blattober- und Blattunterseite sorgfältig besprüht werden. Sie können die Pflanzen im Bad oder an ihrem üblichen Standort abtropfen lassen. Durch das sorgfältige Abduschen der Bäume mit handwarmem Wasser werden Staub und Fremdkörper fortgespült.

Dünger

Zimmerbonsai werden im wesentlichen genauso gedüngt wie Freilandexemplare. Sie haben die gleichen Bedürfnisse: Stickstoff, Phosphor und Kalium, die Hauptelemente bei der

Punica granatum (Granatapfel). Granatäpfel lieben Sonne und gedeihen am besten an einem hellen Ort im Innenraum, wo die leuchtend scharlachroten, rohrförmigen Blüten gut zur Geltung kommen. (Es gibt auch Sorten mit pinkfarbenen, gelben und weißen Blüten.) In Zimmerkultur ist es wahrscheinlicher als im Freien, daß sie ihre gelblich-roten Früchte ansetzen, da die Sommertemperaturen in gemäßigten Zonen für die Fruchtbildung nur selten ausreichend hoch sind. Diese Spiralform stammt aus der Mansei-en-Sammlung in Japan.

Ernährung aller Pflanzen, stehen auch hier ganz oben auf der Liste.

Organische und chemische Düngemittel, sei es in Pulver- oder Kugelform oder als Flüssigdünger, können diese Grundbedürfnisse gleichermaßen decken. Die Auswahl bleibt dem Bonsaigärtner vorbehalten, sei es aus Überzeugung oder aus praktischen Erwägungen. Chemische Präparate stehen der Pflanze augenblicklich zur Verfügung. Organische Dünger wirken langsamer, aber anhaltender. Dünger in Kugelform sind praktisch und wirksam, geben aber vor allem in Innenräumen einen unangenehmen Geruch ab.

Man kann dem Bonsai schon früh ansehen, daß etwas nicht stimmt. Somit bleibt auch beim heiklen Problem der Nährelemente noch genügend Zeit, um Gegenmaßnahmen zu ergreifen. Sie können zum Beispiel den Dünger zu früh nach dem Umtopfen verabreicht haben; oder es tritt ein Problem im Wurzelbereich auf, das Sie nur bei bloßliegendem Wurzelwerk diagnostizieren können, wobei auch hier zuviel oder zuwenig Dünger die Ursache sein kann.

Ob es ein Dosierungsproblem ist, läßt sich leicht feststellen, wenn Sie die Düngermenge und Häufigkeit entgegen den Herstellerangaben überprüfen. Aus Sicherheitsgründen sollten Sie dem Bonsai eine verdünnte Lösung geben, egal was auf der Gebrauchsanleitung steht. Wählen Sie etwa die Hälfte (nicht mehr) der angegebenen Menge. Geben Sie statt der monatlichen Düngung im Frühjahr und im Sommer lieber häufigere, aber geringere Mengen. Mit Hilfe spezieller Bonsaidünger kann man einfacher die richtige Dosierung finden, da sie für Pflanzen vorgesehen sind, die in wenig Erde wachsen.

Befeuchten Sie die Erde vor dem Düngen mit Wasser. Ein gut durchfeuchteter Boden nimmt weniger Dünger auf; zudem laufen die jungen, zarten Wurzeln nicht Gefahr zu verbrennen.

Auch der Zeitfaktor spielt beim Düngen eine Rolle. In Abhänigkeit von der Jahreszeit schwankt auch der Bedarf an Nährstoffen. Im allgemeinen müssen alle Pflanzen im Winter weniger gedüngt werden, wenn sich Stoffwechsel und Wachstum verlangsamen.

Bei den meisten Pflanzen genügt es, höchstens einmal in der Mitte oder am Ende des Winters zu düngen, bis die jungen Triebe austreiben. Bei Ziergehölzen sind kurz vor und während der Blüte kleine, häufigere Gaben angemessen. Bei Obstgehölzen kann die Düngung fortgesetzt werden, wenn sich die Früchte gebildet haben.

Unmittelbar nach dem Wurzelschnitt oder der Gestaltung neuer Bonsai im Frühling oder Herbst sollte niemals gedüngt werden. Die Wurzeln brauchen etwa sechs bis acht Wochen, um sich wieder zu erholen und neu auszutreiben. Bis zum Einsetzen dieses Prozesses können die Wurzeln die Nährstoffe nur unzureichend aufnehmen. Wenn die Wurzeln beim Umtopfen beschädigt worden sind, muß mit dem Düngen so lange ausgesetzt werden, bis sie sich wieder vollständig regeneriert haben.

Im allgemeinen verträgt jeder Baum um so mehr Dünger, je jünger er ist. Außerdem brauchen kräftigere, schnellwüchsige Bäume mehr Dünger als langsamwachsende. In keinem Fall darf jedoch während der Winterruhe zuviel gedüngt werden.

Kapitel 8

Bonsaipflanzen von A-Z

In diesem Kapitel finden Sie eine Auswahl robuster Pflanzen, die sich problemlos und mit Erfolg als Bonsai gestalten lassen.

Aussehen, Gestalt, Bedürfnisse und Wirkung jeder einzelnen Sorte sind verschieden. Wenn Sie sich in der Praxis mit diesen Faktoren vertraut gemacht haben, können Sie gut beurteilen, welche Bäume zu den vorhandene Bedingungen passen und in welcher Form Sie gestaltet werden können.

Es gibt jedoch keine starren Regeln. Allgemein zutreffende Dinge müssen zudem auch nicht in jedem Fall zutreffen. In jeder Klimazone können Mikroklima vorkommen; auf einem einzigen Grundstück kann es mehrere Mikroklima geben, die sich von der Norm unterscheiden, so daß die beschriebenen Verfahrensweisen hierfür nicht gelten. Sie können der nachfolgenden Tabelle Richtwerte hinsichtlich der Eignung der Pflanzen entnehmen. Im Laufe der Zeit werden Sie aber ohnehin einen sechsten Sinn dafür entwickeln.

Anmerkung: Temperaturen sind nur bei Zimmerbonsai und bei ausländischen Pflanzen kritisch. Das hier verwendete System wurde vom Amerikanischen Landwirtschaftministerium entwickelt. Die Pflanzen sollten in der jeweiligen angegebenen Klimazone sowie in Zonen mit höheren Zahlen (also höheren Mindesttemperaturen im Winter) gut gedeihen. Die durchschnittlichen winterlichen Mindesttemperaturen in den verschiedenen Klimazonen sind:

1. unter –41 °C	6. –23 °C bis –18 °C
2. –41 °C bis –39 °C	7. –18 °C bis –12 °C
3. –39 °C bis –31 °C	8. –12 °C bis –7 °C
4. –31 °C bis –28 °C	9. –7 °C bis –1 °C
5. –28 °C bis –23 °C	10. –1 °C bis +5 °C

Acer palmatum (Fächerahorn). Ahornbäume sind wegen ihres Frühjahrs- und Herbstlaubs klassische, in Japan und im Westen gleichermaßen beliebte Bonsaiobjekte. Dieser Doppelstamm stammt aus der Ueda-Sammlung in Japan.

Abies (Tanne)

- FORMEN: Streng aufrecht, frei aufrecht, gelehnt, Kaskade, Literatenform, Spiralform, Besenform, Shari, Jin, Wurzel umklammert den Felsen, Pflanzung auf dem Felsen, Doppelstamm, Mehrfachstamm, Schildkrötenpanzer, Floßform, kriechende Form, Waldpflanzung, Saikei.
- TEMPERATUR: Unterschiedlich je nach Sorte.
- FREILANDPFLANZE
- WINTERHÄRTE: Je nach Sorte winterhart in den Zonen 3-6.
- NICHTBLÜHEND
- IMMERGRÜN

Eine winterharte immergrüne Konifere, die am besten mit einer kühlen Wachstumsperiode und in sauberer Luft gedeiht. Standort im Halbschatten. Als Sämling oder Saatgut im Bonsaifachgeschäft erhältlich.

- SCHNITT: Triebspitzen während der Wachstumsperiode so oft wie nötig entfernen.
- UMTOPFEN: Frühjahr oder Herbst.
- DÜNGEN: Einmal monatlich Mitte und Ende des Frühjahrs sowie Anfang und Mitte des Herbstes.
- GIESSEN: Sparsam gießen, lieber zuwenig als zuviel. Nadeln besprühen.

Geeignete Sorten

Abies concolor (Weiß- oder Coloradotanne). Winterhart bis Zone 4.
Abies firma (Kalifornische Tanne). Winterhart bis Zone 6.
Abies homolepis. In Bonsaibaumschulen als Sämlinge und Saatgut erhältlich. Winterhart bis Zone 5.
Abies koreana. Winterhart bis Zone 5.
Abies sachalinensis. Winterhart bis Zone 3.

Acer (Ahorn)

Detailaufnahme der Blätter des Fächerahorns (*Acer palmatum*).

- FORMEN: Frei aufrecht, gelehnt, Kaskade, Halbkaskade, Wurzel umklammert den Felsen, Doppelstamm, Mehrfachstamm, Floßform, kriechende Form, Waldpflanzung
- TEMPERATUR: Unterschiedlich je nach Sorte.
- FREILANDPFLANZE
- WINTERHÄRTE: Je nach Sorte winterhart in den Zonen 3-6.
- BLÜHEND
- LAUBABWERFEND

Für Bonsaifreunde die wichtigste Art. Ahornbäume sind winterhart und in ihrer Vielfalt wunderschön. Man findet in nördlichen gemäßigten Breiten unterschiedliche Sorten mit verschiedenen Merkmalen, wie interessante Rinde, schönes Laub, ungewöhnliche Farbgebung. Standort im Sommer im Halbschatten, den Rest des Jahres windgeschützt in der Sonne. In gutsortierten Baumschulen erhältlich, in Bonsaibaumschulen als Sämlinge und/oder Saatgut.

- SCHNITT: Entfernen der Triebspitzen und Hauptschnitt im Frühjahr. Triebe mit drei bis fünf Knoten werden bis auf ein bis zwei Knoten zurückgeschnittten. Blattschnitt im späten Frühjahr.
- UMTOPFEN: Winterende oder Frühjahrsbeginn.
- DÜNGEN: Winterende oder Frühjahrsbeginn.
- GIESSEN: So oft wie nötig.

Geeignete Sorten

Acer buergerianum (Dreispitzahorn). Blattschnitt gegen Frühjahrsende oder im Frühsommer. Leuchtend rotes und oranges Herbstlaub. Winterhart bis Zone 6.
Acer campestre (Feldahorn). Winterhart bis Zone 5.
Acer circinatum. Rot und oranges Herbstlaub. Winterhart bis Zone 6.
Acer ginnala. (Feuerahorn) Gelbweiße, wohlriechende Blütenrispen. Scharlachrotes Herbstlaub. Winterhart bis Zone 5.
Acer palmatum. (Fächerahorn) Eine umfassende Gruppe mit vielen anerkannten Zuchtsorten. Viele wild wachsende und gezüchtete Sorten mit grünen bis roten, purpurnen, gelben, silbernen, rosa, weißen, cremefarbenen und grün gesprenkelten Blättern. Winterhart bis Zone 3.
Acer palmatum ›Dissectum‹. Tief gezähnte, grüne Blätter. Im allgemeinen winterhart bis Zone 5.
Acer rubrum (Rotahorn). Scharlachrotes und orangefarbenes Herbstlaub. Winterhart bis Zone 3.

Azalea (Azalee)

- FORMEN: Frei aufrecht, gelehnt, Kaskade, Halbkaskade, Literatenform, Wurzel umklammert den Felsen, Doppelstamm, Mehrfachstamm, Schildkrötenpanzer, Floßform, Waldpflanzung.
- TEMPERATUR: Unterschiedlichste Temperaturen je nach Sorte.
- FREILAND-/ZIMMERPFLANZE
- WINTERHÄRTE: Je nach Sorte.
- BLÜHEND
- IMMERGRÜN/LAUBABWERFEND.

Bonsaifreunde und Gärtner bezeichnen Azaleen oft als eigene Gattung, was sie eigentlich nicht sind. Sie gehören zur Gattung Rhododendron und wachsen als Ziersträucher in der ganzen Welt, außer in Afrika und Südamerika. Die häufigeren Rhododendren sind immergrüne Pflanzen und haben glockenförmige Blüten.
Azaleen sind hingegen häufig laubabwerfend und haben schlauchförmige Blüten. Man sollte sie das ganze Jahr vor Sonne

schützen; am wohlsten fühlen sie sich in feuchten, gemäßigten Klimazonen. Sie brauchen jedoch herbstliche Nachttemperaturen, um Knospen zu treiben. Es gibt vielerlei Farben.

- SCHNITT: Nach der Blüte werden die Triebe auf ein oder zwei Knoten in Stammnähe zurückgeschnitten.
- UMTOPFEN: Spätes Frühjahr nach der Blüte.
- DÜNGEN: Einige Wochen nach dem Umtopfen.
- GIESSEN: So oft wie nötig.

Geeignete Sorten
Die nachfolgenden Arten werden im allgemeinen als Azaleen bezeichnet. Sie gehören zur Gattung Rhododendron, sind aber der Einfachheit halber hier aufgeführt (siehe auch: Rhododendron).

Azalea kaempferi. Halbimmergrün. Leuchtend rote, scharlachrote oder rosa bis orangerote Blüten. Winterhart bis Zone 6.
Azalea kiusianum. Halbimmergrün. Violette Blüten. Jedes Jahr nach der Blüte umtopfen. Braucht Halbschatten und muß häufig gegossen werden.
Azalea indicum. Immergrün. Im Frühjahr nach der Blüte umtopfen. Braucht Halbschatten und kühle bis milde Winter. Muß häufig gegossen werden.
Azalea mucronatum. Immergrün. Jedes Jahr nach der Blüte umtopfen. Braucht Halbschatten und milde Winter. Muß häufig gegossen werden.
Azalea obtusum. Immergrün mit rosenroten bis violetten Blüten. Winterhart bis Zone 7.
Azalea serpyllifolium. Immergrün mit sehr kleinen Blättern. Jedes Jahr nach der Blüte umtopfen. Winterhart bis Zone 6.

Betula (Birke)

- FORMEN: Frei aufrecht, gelehnt, Kaskade, Doppelstamm, Mehrfachstamm, Floßform, kriechende Form, Waldpflanzung.
- TEMPERATUR: Im allgemeinen bis zu –31°C

Azalea indicum. Detailaufnahme der Blüte.

- FREILANDPFLANZE
- WINTERHÄRTE: Im allgemeinen winterhart bis Zone 2.
- BLÜHEND

Eine dankbare Baumart mit herabhängenden Ästen, die man überall in Baumschulen findet. Wächst gut in kälteren Regionen. Braucht viel Sonne.

- SCHNITT: Triebe am Frühjahrsende und danach schneiden, wobei ein, zwei Knoten stehenbleiben. Alle Seitentriebe an der Baumbasis entfernen.
- UMTOPFEN: Vor dem Ausschlagen der Triebe im Frühjahr.
- DÜNGEN: Frühjahrsmitte und Herbst.
- GIESSEN: Häufig; die Luft trocken halten, indem Sie die Blätter nicht gießen.

Geeignete Sorten
Betula alleghaniensis (Gelbbirke). Stammt aus dem Osten Nordamerikas.
Betula lenta (Zuckerbirke). Wächst in feuchten, kühlen Wäldern.
Betula papyrifera (Papierbirke). Stammt aus den kühleren Regionen Nordamerikas. Ovale Blattform, weiße Rinde.
Betula pendula (Sandbirke). Herbstlaub färbt sich golden. Herz- bis diamantförmig. Es gibt zahlreiche Zuchtsorten.
Betula platyphylla. Var. japonica.
Betula populifolia. Blaßgelbes Herbstlaub.

Bougainvillea

- FORMEN: Frei aufrecht, gelehnt, Kaskade, Halbkaskade, Wurzel umklammert den Felsen, Pflanzung auf dem Felsen, gewundene Form.
- TEMPERATUR: 7-24°C
- FREILAND-/ ZIMMERPFLANZE
- WINTERHÄRTE: Nur in den Zonen 9 und 10. In kühleren Regionen am besten in kühles Treibhaus oder ungeheizten Wintergarten stellen.
- BLÜHEND
- IMMERGRÜN

Eine wunderschöne, immergrüne Kletterpflanze, die es es in einer großen Palette traumhafter Farben gibt.

- SCHNITT: Jedes Jahr nach der Blüte.
- UMTOPFEN: Frühjahrsanfang.
- DÜNGEN: Ein paar Wochen nach dem Umtopfen und im frühen Herbst.
- GIESSEN: Häufig.

Geeignete Sorten
Bougainvillea buttiana ›Golden Glow‹. Leuchtend gelbe Blüten, die apricotfarben verblühen; B. b. ›Louis Wathen‹ trägt orangefarbene Blüten, ›Mrs. Butt‹ karmesinrote.
Bougainvillea glabra (Glatte Bougainvillea). Leuchtendviolette Blüten.
Bougainvillea peruviana. Rosa Blüten.

Buxus (Buchsbaum)

- FORMEN: Frei aufrecht, gelehnt, Halbkaskade, Shari, Wurzel umklammert den Felsen, Pflanzung auf dem Felsen, Doppelstamm, Mehrfachstamm, Saikei.
- TEMPERATUR: Unterschiedlich je nach Sorte.
- FREILANDPFLANZE
- WINTERHÄRTE: Winterhart in den Zonen 3-6.
- BLÜHEND
- IMMERGRÜN

Der Buchsbaum wird seit Jahrhunderten in europäischen, amerikanischen und östli-

chen Gärten angebaut. Er ist langlebig und langsamwachsend. Gedeiht besonders gut bei viel Sonne, toleriert aber auch Halbschatten.
Im Winter Buchsbäume kühl, aber geschützt lagern. In Baumschulen erhältlich.

- SCHNITT: Wenn nötig, Triebe auf ein bis zwei Knoten zurückschneiden.
- UMTOPFEN: Frühjahr, Sommer oder Herbst.
- DÜNGEN: Frühjahrsanfang und Herbst.
- GIESSEN: Nicht austrocknen lassen, aber auch nicht zu stark gießen, da die Triebe sonst zu lange werden.

Geeignete Sorten
Buxus japonica. Winterhart bis Zone 6.
Buxus sempervirens (Gewöhnlicher Buchsbaum). Winterhart bis Zone 6.

Camellia (Kamelie)

- FORMEN: Frei aufrecht, gelehnt, Kaskade, Halbkaskade, Wurzel umklammert den Felsen, Doppelstamm, Mehrfachstamm, Schildkrötenpanzer, Floßform, kriechende Form.
- TEMPERATUR: Winterhart bis -12°C.
- FREILAND-/ ZIMMERPFLANZE: Gedeiht am besten im gemäßigten Klima. Braucht als Zimmerpflanze kühle Nächte mit Temperaturen zwischen 4 und 15°C. In kühlen Regionen muß sie im Winter eventuell vor Kälte geschützt werden.
- WINTERHÄRTE: Winterhart in den Zonen 8-9.
- BLÜHEND
- IMMERGRÜN

Kamelien sind besonders als Zimmerbonsai geeignet. Am besten gedeihen sie bei kühleren nächtlichen Temperaturen zwischen 4°C und 10°C während der Blüte. Kamelien brauchen Halbschatten und einen gut entwässernden Boden, jedoch sehr viel Licht und Wasser.

- SCHNITT: Nach der Blüte, vor dem Austreiben neuer Knospen.

Detailaufnahme der Blätter der Japanischen Weißbuche (*Carpinus japonica*).

- UMTOPFEN: Jährlich im späten Frühjahr.
- DÜNGEN: Einige Wochen nach Frühjahrsende und erneut im Herbst.
- GIESSEN: Häufig.

Geeignete Sorten
Camellia japonica. Rote, rosa oder weiße, einfache oder gefüllte Blüten. Diese Sorte hat größere Blätter und weniger biegsame Äste als vergleichbare andere. Winterhart bis Zone 8.
Camellia reticulata. Weiße, rosa oder tiefrote, oft gefüllte Blüten. Kleinere Blätter, toleriert Schatten.
Winterhart bis Zone 9.

Cedrus (Zeder)

- FORMEN: Streng aufrecht, Shari, Jin, Wurzel umklammert den Felsen, Doppelstamm, Mehrfachstamm, Waldpflanzung.
- TEMPERATUR: 10°C-21°C. Vor Wind schützen.
- FREILANDPFLANZE
- WINTERHÄRTE: Je nach Sorte winterhart bis Zone 6-7.
- NICHTBLÜHEND
- IMMERGRÜN

Elegante Konifere mit büscheligen, nadelähnlichen Blättern. Mag viel Sonne.

- SCHNITT: Junge Knospen immer wieder entfernen. Zu Frühjahrsbeginn oder im Herbst beschneiden.
- UMTOPFEN: Im Frühjahr vor dem Austreiben neuer Triebe.
- DÜNGEN: Winterende und zu Frühjahrsbeginn. Im Hoch- und Spätsommer nicht düngen; erneut in der Herbstmitte bis Herbstende.
- GIESSEN: Im Sommer und Frühjahr reichlich gießen, Wassermenge im Herbst reduzieren.

Geeignete Sorten
Cedrus atlantica ›Glauca‹ (Atlaszeder). Bläulich gefärbte Nadelbüschel, gewundene Äste. Winterhart bis Zone 7.
Cedrus deodara (Himalayazeder). Sanfte Gestaltung und leichte Erziehung. Muß regelmäßig kontrolliert werden, weil sie gerne wieder in ihre ursprüngliche Form zurückverfällt. Winterhart bis Zone 7.
Cedrus libani (Libanonzeder). Langsamwachsend. Winterhart bis Zone 6.

Celtis (Zürgelbaum)

- FORMEN: Streng aufrecht, frei aufrecht, Doppelstamm, Mehrfachstamm, Waldpflanzung.
- TEMPERATUR: Kühl gemäßigt.
- FREILANDPFLANZE
- WINTERHÄRTE: Je nach Sorte winterhart bis Zone 7.
- BLÜHEND
- LAUBABWERFEND

Wächst in nördlichen, gemäßigten Breiten.

- SCHNITT: Nach dem Entstehen mehrerer Knoten auf zwei oder drei Knoten nach dem Stamm zurückschneiden.
- UMTOPFEN: Zu Frühjahrsbeginn.
- DÜNGEN: Mäßig einige Wochen nach dem Umtopfen.
- GIESSEN: Bei Bedarf, also häufig, wenn der Baum in der Sonne steht.

Geeignete Sorte
Celtis sinensis (Chinesischer Zürgelbaum). Gekennzeichnet durch dunkelorangefar-

bene Früchte und eine zarte Aststruktur. Winterhart in den wärmeren Regionen von Zone 7.

Chaenomeles (Zierquitte)

- Formen: Frei aufrecht, gelehnt, Kaskade, Halbkaskade, Literatenform, Spiralform, Wurzelstamm, Wurzel umklammert den Felsen, Pflanzung auf dem Felsen, Doppelstamm, Mehrfachstamm, Schildkrötenpanzer, Floßform, kriechende Form.
- Temperatur: Unterschiedlich je nach Sorte.
- Freilandpflanze
- Winterhärte: Winterhart bis Zone 5.
- Blühend
- Halbimmergrün/ Laubabwerfend: Je nach Sorte und Zone.

Bei dieser früher sehr beliebten Pflanze findet man einfache und gefüllte Blüten. Bei den meisten Sorten geht die Blüte auf, bevor sich die Blätter entfalten. Viele Zuchtsorten sind wegen ihrer großen gelben Früchte bekannt, die aber meist für den Bonsai zu groß sind. Früchte und eine überreiche Blüte entziehen dem Baum die Energie. Man muß daher entstehende Früchte und einige Blüten wegschneiden, damit die Pflanze kräftig bleibt. Sie braucht viel Sonne und Wasser.

- Schnitt: Entfernen Sie alle Triebspitzen an der Baumbasis. Formschnitt, wenn die jungen Triebe auf fünf bis sieben Knoten angewachsen sind.
- Umtopfen: Alle drei Jahre im späten Frühjahr oder im Herbst.
- Düngen: Im Frühjahr vor dem Wachstumsschub.
- Giessen: Häufig.

Geeignete Sorten

Chaenomeles cathayensis. Rosa bis weiße Blüten. Winterhart bis Zone 6.

Chaenomeles japonica (Japanische Zierquitte). Wächst in Japan wild. Lachsrote bis orange Blüten. Winterhart bis Zone 5.

Chaenomeles x superba ›Corallina‹. Rotorange Blüten.

Chaenomeles japonica. Japanische Zierquitte in der Blütezeit.

Chamaecyparis (Scheinzypresse)

- Formen: Streng aufrecht, frei aufrecht, Spiralform, Wurzelstamm, Wurzel umklammert den Felsen, Pflanzung auf dem Felsen, Doppelstamm, Mehrfachstamm, Floßform, Waldpflanzung.
- Temperatur: Unterschiedlich je nach Sorte.
- Freilandpflanze
- Winterhärte: Je nach Sorte winterhart in den Zonen 5-6.
- Nichtblühend
- Immergrün

Eine winterharte Konifere, die im Sommer im Halbschatten stehen muß. Als Sämling in normalen Gärtnereien, in Spezial- und Bonsaibaumschulen erhältlich.

- Schnitt: Entfernen der Triebe im Frühjahr, Frühsommer und während der gesamten Wachstumszeit.

Astschnitt zu Frühjahrsbeginn, in der Frühjahrsmitte und der Herbstmitte, Hauptschnitt im Frühjahr und Herbst.

- Umtopfen: Frühjahr, Sommer oder Herbst.
- Düngen: Frühjahrsanfang.
- Giessen: Gut wässern und Laubwerk im Sommer einsprühen.

Geeignete Sorten

Chamaecyparis lawsoniana (Lawson-Scheinzypresse). Winterhart bis Zone 6. Verschiedene geeignete Sorten, darunter auch ›Nana‹ (Zwerg) und ›Nana Glauca‹ mit bläulich eingefärbten Zweigen.

Chamaecyparis obtusa ›Nana Gracilis‹ (Hinoki-Scheinzypresse). Wächst in japanischen Gärten auch als normalgroße Pflanze. Junge Blätter sind leuchtend gelb. Winterhart bis Zone 5.

Chamaecyparis pisifera ›Snow‹ (Sawara-Scheinzypresse). Schnellwüchsige Sorte mit grün bis gelb gefärbten Blättern. Fühlt

Detailaufnahme der Blätter der Hinoki-Scheinzypresse (*Chamaecyparis obtusa*).

sich rauh an. Liebt feuchten, jedoch nicht zu nassen, kalkfreien Boden, verträgt keinen trockenen Wind. Junge Triebe sollten entfernt werden.

Cornus (Hartriegel)

- FORMEN: Streng aufrecht, gelehnt, Kaskade, Wurzel umklammert den Felsen, Doppelstamm, Mehrfachstamm
- TEMPERATUR: Unterschiedlich je nach Sorte.
- FREILANDPFLANZE
- WINTERHÄRTE: Je nach Sorte winterhart bis Zone 2.
- BLÜHEND
- LAUBABWERFEND

Schöne, winterharte Pflanze mit interessanter Rinde, Blüten im Frühjahr und Beeren im Herbst. Der Hartriegel braucht im Sommer Halbschatten und den Rest des Jahres volle Sonne.

- SCHNITT: Nach der Blüte und vor Aushärten der jungen Triebe. Hartriegel gehört zu den blutenden Gehölzen: Der Pflanzensaft läuft kräftig aus, wenn der Schnitt zu früh im Frühjahr vorgenommen wird, was den Baum schwächt. Wunderschön gefärbtes Herbstlaub.
- UMTOPFEN: Frühjahr.
- DÜNGEN: Frühjahr und Sommer.
- GIESSEN: So oft wie nötig.

Geeignete Sorten

Cornus florida (Blumenhartriegel). Stammt aus Nordamerika. Die blütenähnlichen Hochblätter sind sehr auffällig und prachtvoll. Trägt bis in den Winter hinein rote Beeren. Winterhart bis Zone 5.

Cornus kousa (Japanischer Blumenhartriegel). Blüht später als *Cornus florida*, trägt wochenlang Hochblätter. Zarte, gewundene Äste, bronzefarbene Blätter. Winterhart bis Zone 5.

Cotoneaster (Zwergmispel)

- FORMEN: Frei aufrecht, gelehnt, Kaskade, Halbkaskade, Wurzelstamm, Wurzel umklammert den Felsen, Pflanzung auf dem Felsen, Doppelstamm, Mehrfachstamm, Floßform, kriechende Form.
- TEMPERATUR: Unterschiedlich je nach Sorte.
- FREILANDPFLANZE
- WINTERHÄRTE: Je nach Sorte winterhart in den Zonen 6-7.
- BLÜHEND/ BEERENTRAGEND.
- IMMERGRÜN/ LAUBABWERFEND

Weiße oder rosa Blüten; kleine, rote bis schwarze Früchte, die im Herbst und Winter an den Ästen hängen. Zwergmispeln sind ein prachtvoller Schmuck. Sie bevorzugen gut drainierte Böden; je nach Sorte in Sonne, Halbschatten oder Schatten stellen.

- SCHNITT: Bis auf ein oder zwei Knoten zurückschneiden, sobald die neuen Äste drei bis fünf Knoten tragen.
- UMTOPFEN: Jederzeit in der Wachstumsperiode.
- DÜNGEN: Frühjahrsanfang.
- GIESSEN: Häufig.

Geeignete Sorten

Cotoneaster horizontalis (Fächerzwergmispel). Breitblättrige, immergrüne Pflanze mit weißen bis rosa Blüten. Winterhart bis Zone 6.

Cotoneaster microphyllus thymifolius (Kleinblättrige Zwergmispel). Sehr kompakt; rosa Blüten, leuchtend rote Früchte. Winterhart bis Zone 7.

Cryptomeria (Sicheltanne)

- FORMEN: Streng aufrecht, Doppelstamm, Mehrfachstamm, Saikei.
- TEMPERATUR: Nicht unter 18°C.
- FREILANDPFLANZE
- WINTERHÄRTE: Winterhart bis Zone 7.
- NICHTBLÜHEND
- IMMERGRÜN

Winterharte, immergrüne Pflanze mit blaugrünen Blättern, die Halbschatten, feuchte Böden und warme Winter bevorzugt. In wärmeren, gemäßigten Zonen wächst sie als Zierpflanze.

- SCHNITT: Junge Triebe im Frühjahr vor dem Austreiben entfernen; schwere Äste im Frühjahr beschneiden.
- UMTOPFEN: Im Frühjahr vor dem Austreiben neuer Triebe.
- DÜNGEN: Frühjahrsmitte und Herbst.
- GIESSEN: Zwischen Frühjahr und Herbst häufig gießen; Blätter besprühen.

Geeignete Sorte

Cryptomeria japonica. Weiche, zerklüftete orangebraune Rinde. Winterhart bis Zone 7-8.

Cupressus (Zypresse)

- FORMEN: Streng aufrecht, Wurzel umklammert den Felsen, Pflanzung auf dem Felsen, Doppelstamm, Mehrfachstamm, Waldpflanzung
- TEMPERATUR: Je nach Sorte.
- FREILANDPFLANZE/ ZIMMERPFLANZE
- WINTERHÄRTE: Winterhart bis Zone 8.
- NICHTBLÜHEND
- IMMERGRÜN

Konifere; die meisten Sorten gedeihen ohne ausreichenden Schutz im Winter nur in wärmeren Regionen. Standort bevorzugt im Halbschatten.

- SCHNITT: Entfernen der Triebspitzen im Frühjahr und Herbst; Astschnitt zu Frühjahrsanfang und in der Frühjahrsmitte; Hauptschnitt im Frühjahr und Herbst.
- UMTOPFEN: Im Frühjahr vor dem Austreiben neuer Triebe oder vor dem Aushärten der jungen Triebe im Herbst.
- DÜNGEN: Später Winter und Frühjahrsbeginn.
- GIESSEN: Häufig.

Geeignete Sorte
Cupressus macrocarpa (Monterey-Zypresse). Interessante Form und Linien, gewundene Konturen.

Eugenia

- FORMEN: Frei aufrecht, gelehnt, Waldpflanzung.
- TEMPERATUR: 7-20°C.
- FREILANDPFLANZE/ ZIMMERPFLANZE
- WINTERHÄRTE: Winterhart von Zone 9 bis 10.
- BLÜHEND
- IMMERGRÜN

Subtropische, wuchskräftige Pflanze. Durch sorgfältigen Schnitt können die Form erhalten und die Blattgröße reduziert werden. Die Spitzen der dunkelgrünen, bronzefarben schattierten Blätter hängen herab. Die weiche, rote Rinde bildet einen hübschen Kontrast zu den weißen Blüten und den roten Früchten.

Geeignete Sorte
Eugenia uniflora. Duftende weiße Blüten und rot-gelbe Früchte, die zu Marmelade und Sorbets verarbeitet werden können. Winterhart bis Zone 10.

Fagus (Buche)

- FORMEN: Streng aufrecht, frei aufrecht, gelehnt, Doppelstamm, Mehrfachstamm, Floßform, Waldpflanzung.
- TEMPERATUR: Unterschiedlich je nach Sorte.
- FREILANDPFLANZE
- WINTERHÄRTE: Winterhart in den Zonen 4-6.
- BLÜHEND
- LAUBABWERFEND

Eine großartige Gattung mit einer auffallenden, hellgrauen Rinde, schönen Knospen und einer interessanten Herbstfärbung. Die Blätter verbleiben oft den Winter hindurch am Baum. Deutliche Markierungen am Stamm gleichen der faltigen Haut eines Elefanten. Zieht im Sommer den Halbschatten vor, im Rest des Jahres volle Sonne.

- SCHNITT: Wenn die neuen Triebe drei bis fünf Knoten entwickelt haben, schneidet man sie auf ein bis zwei Knoten zurück. Blattschnitt im späten Frühjahr.
- UMTOPFEN: Frühjahr.
- DÜNGEN: Einige Wochen nach dem Umtopfen im Frühjahr.
- GIESSEN: Häufig.

Geeignete Sorten
Fagus crenata (Japanische Rotbuche).
Fagus sylvatica (Rotbuche). Winterhart bis Zone 5. *F. s.* ›Pendula‹ trägt hängende, gebogene Äste, *F. s.* ›Purpurea‹ hat violette Blätter.

Forsythia (Forsythie)

- FORMEN: Frei aufrecht, gelehnt, Kaskade, Halbkaskade, Wurzel umklammert den Felsen, Mehrfachstamm, Schildkrötenpanzer, Floßform, kriechende Form.
- TEMPERATUR: -18°C je nach Sorte.
- FREILANDPFLANZE
- WINTERHÄRTE: Winterhart bis Zone 5.
- BLÜHEND
- LAUBABWERFEND

Die Forsythie ist ein winterharter Vorbote des Frühlings. Sie bildet frühzeitig zahlreiche gelbe Blüten auf gebogenen Ästen aus, bevor die Blätter austreiben. Nicht krankheitsanfällig. Leider wird sie oft zu unnatürlich formalen Formen geschnitten. Braucht volle Sonne.

Detailaufnahme der Blätter und Früchte der Kleinblättrigen Zwergmispel (*Cotoneaster microphyllus thymifolius*).

- SCHNITT: Nach der Blüte, jedoch vor dem Aushärten der neuen Knospen.
- UMTOPFEN: Nach der Blüte.
- DÜNGEN: Zu Frühjahrsbeginn vor der Blüte.
- GIESSEN: Bei mäßiger Ballentrockenheit.

Geeignete Sorten
Forsythia x intermedia. Leuchtend gelbe Frühjahrsblüten.
Forsythia suspensa (Hängeforsythie). Winterhart bis Zone 5.

Gardenia (Gardenie)

- FORMEN: Frei aufrecht, gelehnt, Kaskade, Halbkaskade, Mehrfachstamm.
- TEMPERATUR: 15-24°C.
- FREILANDPFLANZE
- WINTERHÄRTE: Winterhart bis Zone 9.
- BLÜHEND
- IMMERGRÜN

Aus den Tropen und Subtropen stammende, nicht winterharte Pflanze. Wächst in gemäßigten Zonen als Zimmerpflanze oder im Treibhaus; ihre stark duftenden Blüten sind weiß oder gelb, die Blätter glänzend grün. Die Wachstumsbedingungen müssen konstant gehalten werden, da ansonsten Knospen und Blätter abfallen. Pflanzen benötigen hohe Luftfeuchtigkeit, viel Licht, nächtliche Temperaturen um 18°C und ausreichend Dünger. Erhältlich in gut sortierten Gärtnereien.

- SCHNITT: Alle Blütenknospen entfernen, die vor dem Frühherbst entstehen. Blüht im Winter.
- UMTOPFEN: Spätes Frühjahr.
- DÜNGEN: Frühjahrsbeginn.
- GIESSEN: Sehr oft. Blätter besprühen. Schale auf Kieselbett stellen.

Geeignete Sorten

Gardenia jasminoides. Große Blätter; zum Teil gefüllte, wohlduftende Blüten.
G. j. radicans (Zwergform). Kleinere Blätter als Gardenia jasminoides.

Ginkgo (Ginkgo)

- FORMEN: Frei aufrecht, Besenform, Doppelstamm, Mehrfachstamm, Floßform, kriechende Form.
- TEMPERATUR: Bis -9°C.
- FREILANDPFLANZE
- WINTERHÄRTE: Winterhart bis Zone 5.
- NICHTBLÜHEND
- LAUBABWERFEND

Winterhart. Eine alte Art, wächst in gemäßigten Klimazonen als Straßenbaum. Gelbes Herbstlaub. Schöne Form, wenn blattlos. Männliches Exemplar auswählen: die Samen der weiblichen Pflanzen verströmen den unangenehmen Geruch ranziger Butter.

- SCHNITT: Nach der Blüte Triebe bis auf ein oder zwei Knoten in Stammnähe zurückschneiden .
- UMTOPFEN: Spätes Frühjahr.
- DÜNGEN: Später Winter und Frühjahr.
- GIESSEN: Nach Bedarf. Nicht überwässern.

Geeignete Sorte

Ginkgo biloba. Winterhart bis Zone 5.

Detailaufnahme der Blätter der *Jacaranda mimosifolia*.

Hedera (Efeu)

- FORMEN: Frei aufrecht, gelehnt, Kaskade, Halbkaskade, Wurzel umklammert den Felsen, Doppelstamm, Mehrfachstamm.
- TEMPERATUR: Unterschiedlich je nach Sorte.
- FREILANDPFLANZE
- WINTERHÄRTE: Je nach Sorte winterhart in den Zonen 3-4.
- BLÜHEND
- IMMERGRÜN

Eine winterharte immergrüne Pflanze, die einen fetten, feuchten Boden braucht und Halbschatten bevorzugt.

- SCHNITT: Nach der Blüte Triebe bis auf ein bis zwei Knoten in Stammnähe einkürzen.
- UMTOPFEN: Frühjahr.
- DÜNGEN: Später Winter und Frühjahrsbeginn.
- GIESSEN: Häufig.

Geeignete Sorten

Hedera helix ›Hahnii‹. Buschig mit verzweigten Spitzen.
Hedera rhombea. Winterhart bis Zone 8.

Ilex (Stechpalme)

- FORMEN: Frei aufrecht, gelehnt, Kaskade, Halbkaskade, Shari, Wurzel umklammert den Felsen, Pflanzung auf dem Felsen, Doppelstamm, Mehrfachstamm, Saikei.
- TEMPERATUR: Unterschiedlich je nach Sorte.
- FREILANDPFLANZE
- WINTERHÄRTE: Je nach Sorte winterhart in den Zonen 5-7 (siehe unten).
- BLÜTE: Unscheinbar.
- IMMERGRÜN/ LAUBABWERFEND: Je nach Sorte. Im allgemeinen sind immergrüne Pflanzen winterhart bis Zone 7, laubabwerfende bis Zone 5.

Ein breitblättriger Baum, der bis in den Winter hinein Beeren trägt, die alle Arten von Vögeln anziehen. Er ist entweder weiblich (mit Beeren) oder männlich (ohne Beeren). Für eine gute Befruchtung sollte die weibliche Pflanze nicht weiter als 8 m von der männlichen entfernt stehen. Die meisten Baumschulen bieten eine Auswahl von Ilex an, wobei seltenere Sorten bei Bonsai- und speziellen Baumschulen als Sämling und Saatgut erhältlich sind.

- SCHNITT: Nach der Blüte Triebe auf ein bis zwei Knoten in Stammnähe beschneiden, sobald sie mehrere Knoten gebildet haben.
- UMTOPFEN: Frühjahrsanfang.
- DÜNGEN: Einge Wochen nach dem Umtopfen.
- GIESSEN: Häufig.

Geeignete Sorten

Ilex crenata (Japan-Stechpalme). Immergrün mit weißen Blüten und schwarzen Beeren. Winterhart bis Zone 6.
Ilex pernyi (Kerbblättrige Stechpalme). Immergrün mit gelben Blüten und roten Beeren. Winterhart bis Zone 6.
Ilex serrata (Pflaumenblättrige Stechpalme). Laubabwerfend mit lavendelfarbenen bis weißen Blüten und roten Beeren. Winterhart bis Zone 5.
Ilex vomitoria. Immergrün mit roten oder gelben Beeren. Winterhart bis Zone 7.

Jacaranda

- FORMEN: Frei aufrecht, Kaskade, Halbkaskade, Mehrfachstamm.
- TEMPERATUR: Tropisch und subtropisch.
- FREILANDPFLANZE/ ZIMMERPFLANZE. In kühleren Klimazonen im Treibhaus.
- WINTERHÄRTE: Winterhart bis Zone 9.
- BLÜHEND
- IMMERGRÜN

Ein beeindruckender Strauch aus den Tropen Amerikas mit prächtigen blauen bis violetten, selten mit weißen oder rosa Blüten. Wächst in kälteren Klimazonen als Zimmerpflanze.

- SCHNITT: Vor dem Umtopfen zu Frühjahrsanfang oder im Herbst.
- UMTOPFEN: Frühjahrsanfang, Herbst.
- DÜNGEN: Einge Wochen nach dem Umtopfen.
- GIESSEN: Häufig. Boden feucht, jedoch nicht zu naß halten. Im Winter trockener halten.

Geeignete Sorten

Jacaranda caerulea. Weiße, blaue oder fliederfarbene Blüten.
Jacaranda mimosifolia. Blaue Blüten.

Jasminum (Jasmin)

- FORMEN: Frei aufrecht, gelehnt, Kaskade, Halbkaskade, Wurzelstamm, Wurzel umklammert den Felsen, Pflanzung auf dem Felsen, Doppelstamm, Mehrfachstamm, Floßform, kriechende Form.
- TEMPERATUR: Unterschiedlich je nach Sorte.
- FREILANDPFLANZE/ ZIMMERPFLANZE
- WINTERHÄRTE: Winterhart bis Zone 6.
- BLÜHEND
- HALBLAUBABWERFEND / LAUBABWERFEND

Relativ winterhart, wobei die weniger winterharten Sorten unter Treibhausbedingungen prächtig gedeihen. Pflegeleicht.

Detailaufnahme der Blätter des Chinesischen Wacholders (*Juniperus chinensis*).

- SCHNITT: Nach der Blüte, vor dem Erhärten neuer Knospen. Triebe an der Stammbasis entfernen.
- UMTOPFEN: Frühjahrsanfang.
- DÜNGEN: Einge Wochen nach dem Umtopfen
- GIESSEN: Häufig.

Geeignete Sorten

Jasminum floridum. Gelbe Blüten. Winterhart bis Zone 7.
Jasminum nudiflorum. Wohlriechend. Prächtige, gelbe Blüten zu Beginn des Frühjahrs. Winterhart bis Zone 6.
Jasminum x stephanense. Rosa Blüten. Wohlriechend.

Juniperus (Wacholder)

- FORMEN: Kaskade, Halbkaskade, Literatenform, Spiralform, Jin, windgepeitschte Form, Wurzelstamm, Wurzel umklammert den Felsen, Doppelstamm, Mehrfachstamm, Floßform, kriechende Form, natürliche Gruppenpflanzung.
- TEMPERATUR: Unterschiedlich je nach Sorte.
- FREILANDPFLANZE
- WINTERHÄRTE: Je nach Sorte winterhart in den Zonen 3-6.
- NICHTBLÜHEND
- IMMERGRÜN

Eine winterharte Konifere mit vielen, pflegeleichten Sorten, die einfach zu schneiden und zu erziehen sind. Dankbar mit ansprechendem, recht schnellem Wachstum. In Baumschulen sind viele Sorten erhältlich, seltenere Sorten kann man im Bonsaifachhandel als Sämlinge bestellen. Tragen Sie beim Arbeiten Handschuhe, da die Nadelstiche allergische Reaktionen mit roten, juckenden Schwellungen verursachen können!

- SCHNITT: Entfernen der Triebspitzen jederzeit in der Wachstumsperiode. Hauptschnitt im Frühjahr oder Herbst, jedoch nicht im Sommer.
- UMTOPFEN: Jederzeit, außer im Winter; vor allem zu Frühjahrsanfang oder in der Frühjahrsmitte, bevor die neuen Triebe ausschlagen.
- DÜNGEN: Frühjahrsanfang.
- GIESSEN: Gründlich gießen, Erde zwischen den Wassergaben abtrocknen lassen.

Geeignete Sorten

Juniperus chinensis (Chinesischer Wacholder). Stammt aus China, der Mongolei und Japan. Winterhart bis Zone 4. Zu den bekannten Sorten zählen der langsam wachsende *J. procumbens* (Japanischer Kriechwacholder) mit kurzen, grünen, manchmal mit einem bläulichen Schimmer versehenen Nadeln; ›Nana‹, die Zwergform von *J. chinensis*, die den gleichen graziösen Habitus hat wie ihr Elter; und *J.c.* ›Sargentii‹, eine dichte Pflanze mit hängenden Ästen.
Juniperus conferta
Juniperus horizontalis (Kriechwacholder). Lange, kriechende, grünblau schimmernde Triebe. Winterhart bis Zone 3.
Juniperus rigida (Igelwacholder). Kriechender Habitus. Natürlich hängende Äste. Winterhart bis Zone 6, muß jedoch im Winter geschützt werden.
Juniperus sabina horizontalis (Kriechwacholder). Winterhart bis Zone 3.
Juniperus scopulorum.
Winterhart bis Zone 4.

Detailaufnahme der Blätter des Igelwacholders (*Juniperus rigida*).

Larix (Lärche)

- FORMEN: Streng aufrecht, frei aufrecht, gelehnt, Shari, Jin, Wurzel umklammert den Felsen, Pflanzung auf dem Felsen, Doppelstamm, Mehrfachstamm, Waldpflanzung.
- TEMPERATUR: Unterschiedlich je nach Sorte.
- FREILANDPFLANZE.
- WINTERHÄRTE: Je nach Sorte winterhart in den Zonen 3-5.
- NICHTBLÜHEND
- LAUBABWERFEND

Diese Konifere trägt Nadeln, ist jedoch laubabwerfend. Die Nadeln der Lärche sind kurz und fein. Die Lärchenzapfen sind klein und gut für Blumengestecke geeignet. Sie zieht im Sommer Halbschatten vor, im Rest des Jahres volle Sonne.

- SCHNITT: Entfernen der Triebspitzen in der Wachstumsperiode; Nebenäste in der Frühjahrsmitte schneiden, Hauptäste in der Wintermitte.
- UMTOPFEN: Zwischen Frühjahrsanfang und Frühjahrsmitte.
- DÜNGEN: Frühjahr und Herbst.
- GIESSEN: Braucht Feuchtigkeit, jedoch ohne ständige Verschlämmung.

Geeignete Sorte

Larix kaempferi (Japanische Lärche). Blaugrüne Nadeln. Winterhart bis Zone 5.

Leptospermum

- FORMEN: Frei aufrecht, gelehnt, Shari, Doppelstamm, Mehrfachstamm, Schildkrötenpanzer.
- TEMPERATUR: Braucht Zimmertemperaturen zwischen 13°C und 15°C.
- FREILANDPFLANZE/ZIMMERPFLANZE: Wächst in warmen Klimazonen im Freien, in kühleren Regionen im Treibhaus.
- WINTERHÄRTE: Winterhart bis Zone 9.
- BLÜHEND
- IMMERGRÜN

Formlose Sträucher oder kleine Bäume, die aus Australien, Malaysia und Neuseeland stammen.

- SCHNITT: Nach der Blüte.
- UMTOPFEN: Frühjahrsanfang.
- DÜNGEN: Einige Wochen nach dem Umtopfen und danach einmal monatlich.
- GIESSEN: So häufig wie nötig. Blätter besprühen.

Geeignete Sorte

Leptospermum scoparium. Eine buschige Sorte mit fünfblättrigen rosa oder weißen Blüten. Winterhart bis Zone 9.

Lespedeza (Buschklee)

- FORMEN: Frei aufrecht, gelehnt, Kaskade, Halbkaskade, Wurzel umklammert den Felsen, Doppelstamm, Mehrfachstamm.
- TEMPERATUR: -23°C.
- FREILANDPFLANZE
- WINTERHÄRTE: Winterhart bis Zone 5.
- BLÜHEND
- LAUBABWERFEND

Laubabwerfender Strauch mit gebogenen Ästen, die kleeblattförmige Blätter sowie Blüten tragen.

- SCHNITT: Astschnitt im Spätherbst; Entfernen der Triebe nach dem Abfallen der Blüten.
- UMTOPFEN: Jederzeit, wobei Frühjahr und Herbst günstiger sind als Sommer oder Winter.
- DÜNGEN: Frühjahrsbeginn.
- GIESSEN: Häufig.

Geeignete Sorten

Lespedeza cyrtobotrya. Violettrote Blüten.
Lespedeza japonica. Weiße Blüten.

Malus (Apfel)

- FORMEN: Frei aufrecht, gelehnt, Kaskade, Halbkaskade, Wurzel umklammert den Felsen, Doppelstamm, Mehrfachstamm.
- TEMPERATUR: Je nach Sorte unterschiedlich.
- FREILANDPFLANZE
- WINTERHÄRTE: Je nach Sorte winterhart bis Zonen 2-8.
- BLÜHEND
- LAUBABWERFEND

Werden wegen ihrer Blüten und Früchte kultiviert, stammen aus gemäßigt kühlen Zonen. Es gibt auch Hybriden, wobei die östlichen Sorten die kleinsten, hübschesten Blüten und Früchte tragen. Der Apfelbaum ist ein wichtiger Bonsai. Man sollte auf Schädigungen durch Insekten und saugende Blattläuse achten.
Schädlinge werden mit einem kräftigen Wasserstrahl aus dem Gartenschlauch weggespült. Man findet Apfelbäume an alten Häusern und in alten Gärten; gängige Sorten sind problemlos in Baumschulen erhältlich, seltenere Sorten bekommt man in Bonsai- oder Spezialgärtnereien.

- SCHNITT: Nach der Blüte, jedoch vor dem Aushärten der jungen Knospen.
- UMTOPFEN: Jährlich im Fühling nach der Blüte oder im Frühherbst.
- DÜNGEN: Wöchtlich im Frühjahr, Sommer und Frühherbst, entweder mit verdünnter Volldüngerlösung oder besser mit verdünntem organischen Flüssigdünger.
- GIESSEN: Häufig.

Geeignete Sorten

Malus baccata (Kirschapfel). Weiße Blüten, leuchtend rote Früchte. Winterhart bis Zone 2.

M. b. var. mandshurica. Mag direkte Sonne, muß gründlich gewässert werden. Organischer Flüssigdünger. Weiße Blüten. Winterhart bis Zone 2.

Malus floribunda (Reich- oder Vielblütiger Apfel). Blüten anfangs rosenrot, dann blaßrosa, gelbe Früchte. Winterhart bis Zone 5.

Malus halliana. Leuchtend rosenrote Blüten, Früchte gehen ins Violette. Winterhart bis Zone 6.

Malus x micromalus. Mit dunkelrosa Blüten und gelben Früchten.
Winterhart bis Zone 5.

Malus pumila. Winterhart bis Zone 4.

Malus sargentii. Weiße Blüten, rote Früchte. Winterhart bis Zone 2.

Malus sieboldii (Toringoapfel). Leuchtend rosa Blüten, die weiß verblassen; leuchtend rote bis gelbbräunliche Früchte. Winterhart bis Zone 2.

Malus transitoria. Zarte, weiße Blüten; leuchtend rote Früchte.

Miscanthus (Flechtstraußgras)

- FORMEN: Pflanzung auf dem Felsen, Pflanzungen mit Kräutern und Gräsern.
- TEMPERATUR: -17°C.
- FREILANDPFLANZE
- WINTERHÄRTE: Winterhart bis Zone 5.
- BLÜHEND
- MEHRJÄHRIG

Eine umfassende Gattung von Bonsai begleitenden Ziergräsern. Einige sind in der Natur bis zu 2 m hoch, andere nur 30 cm. Man schätzt sie wegen ihrer silbrigen Rispen. Brauchen im Sommer Schatten und im Winter Wärme. Vermehren sich von selbst bei geeigneten Bedingungen.

- SCHNITT: Entfernen der Triebe, wenn sie zum ersten Mal ausschlagen.
- UMTOPFEN: Alle zwei Jahre.
- DÜNGEN: Zu Frühjahrsbeginn, wenn die Triebe ausschlagen.
- GIESSEN: Häufig.

Geeignete Sorten

Miscanthus sacchariflorus.

Miscanthus sinensis ›Yaku Jima‹. Eine Miniaturform.

Olea (Olivenbaum)

- FORMEN: Streng aufrecht, frei aufrecht, Kaskade, Halbkaskade, Mehrfachstamm, Waldpflanzung.
- TEMPERATUR: 2-15°C.
- FREILANDPFLANZE/ ZIMMERPFLANZE
- WINTERHÄRTE: Winterhart bis Zone 9.
- BLÜHEND
- IMMERGRÜN

Eine für Anfänger gut geeignete Pflanze, die wegen ihrer Blätter und Früchte gleichermaßen geschätzt wird. Die Oliven entwickeln sich einige Wochen nach folgender Temperaturfolge: Nachts 2°C und tags 15°C. Der Baum hat kleine, grau schimmernde Blätter, im Erwachsenenalter einen gewundenen Stamm. Man findet ihn auf landwirtschaftlichen Nutzflächen, in Obstgärten und Spezialbaumschulen.

- SCHNITT: Nach Bedarf in jeder Jahreszeit.
- UMTOPFEN: Alle zwei bis drei Jahre.
- DÜNGEN: Monatlich innerhalb der Vegetationsperiode.
- GIESSEN: Gründliches Gießen, den Baum aber insgesamt eher trocken halten.

Geeignete Sorte

Olea europea. Winterhart bis Zone 9.

Parthenocissus (Jungfernrebe, Wilder Wein)

- FORMEN: Frei aufrecht, gelehnt, Kaskade, Halbkaskade, Wurzel umklammert den Felsen, Doppelstamm, Mehrfachstamm.

Detailaufnahme der Blätter und Blüten des Buschklees (*Lespedeza cyrtobotrya*).

- TEMPERATUR: -17°C und darüber.
- FREILANDPFLANZE
- WINTERHÄRTE: Winterhart bis Zone 5.
- BLÜHEND
- LAUBABWERFEND

Eine breitblättrige, in allen Klimazonen laubabwerfende Kletterpflanze. Große, glänzende, tief dunkelgrüne Blätter mit dunkelblauen Früchten. Braucht im Sommer Halbschatten und über den Rest des Jahres volle Sonne. Schöne Herbstform und hübsche blattlose Form.

- SCHNITT: Wilden Wein nach der Fruchtbildung und vor dem Aushärten der neuen Knospen in die gewünschte Form zurückschneiden.
- UMTOPFEN: Frühjahrsbeginn.
- DÜNGEN: Frühjahrsbeginn und Herbst.
- GIESSEN: Blätter im Sommer besprühen.

Geeignete Sorte

Parthenocissus tricuspidata (Kletterwein). Winterhart bis Zone 9.

Picea (Fichte)

- FORMEN: Streng aufrecht, frei aufrecht, gelehnt, Kaskade, Halbkaskade, Literatenform, Spiralform, Jin, Wurzel umklammert den Felsen, Pflanzung auf dem Felsen, Doppelstamm, Mehrfachstamm, Floßform, kriechende Form, Waldpflanzung.

- TEMPERATUR: Unterschiedlich je nach Sorte.
- FREILANDPFLANZE
- WINTERHÄRTE: Winterhart bis Zone 6.
- NICHTBLÜHEND
- IMMERGRÜN

Beliebte, winterharte Konifere. Die meisten Sorten bevorzugen direkte Sonne.

- SCHNITT: Junge Triebe mehrere Male im Frühjahr vor dem Aushärten entfernen. Vier bis fünf Nadelbüschel stehenlassen. Hauptschnitt zu Frühjahrsbeginn; nach einigen Jahren erfolgt ein drastischer Rückschnitt bis auf fünf Nadelbüschel in Stammnähe. Niemals alle Nadeln entfernen.
- UMTOPFEN: Im Frühjahr vor dem Austreiben der neuen Triebe oder im Frühherbst. Nach dem Umtopfen einige Wochen vor praller Sonne schützen.
- DÜNGEN: Spätwinter/ Frühjahrsanfang und Herbst.
- GIESSEN: Häufig, Erde zwischen den Wassergaben immer wieder abtrocknen lassen. Im Frühjahr, Sommer und Herbst mit Wasser besprühen.

Geeignete Sorten

Picea abies ›Maxwellii‹ (Gemeine Fichte). Eine natürliche Zwergform, winterhart bis Zone 3.

Picea engelmannii. Stammt aus dem westlichen Teil Nordamerikas. Winterhart bis Zone 3.

Picea glauca (Weißfichte). Winterhart bis Zone 3.

Picea glehnii

Picea jezoensis. Bevorzugt Halbschatten. Winterhart bis Zone 5.

Picea orientalis. Winterhart bis Zone 5.

Picea pungens. Winterhart bis Zone 3.

Picea torana. Winterhart bis Zone 6.

Detailaufnahme der Blätter der *Picea jezonensis*.

Pieris (Lavendelheide)

- FORMEN: Frei aufrecht, gelehnt, Kaskade, Halbkaskade, Wurzel umklammert den Felsen, Doppelstamm, Mehrfachstamm.
- TEMPERATUR: Unterschiedlich je nach Sorte.
- FREILANDPFLANZE
- WINTERHÄRTE: Zone 1-7.
- BLÜHEND
- IMMERGRÜN

Eine Gattung von natürlich kompakten Ziersträuchern. Die meisten Sorten sind winterhart und gedeihen besonders gut im Halbschatten. Am besten schützt man die Knospen im Winter und im Frühjahr vor Frosteinbrüchen. Man findet sie fast in jeder Baumschule, kann sie aber auch ausgraben und zu Bonsai erziehen.

- SCHNITT: Nach der Blüte, jedoch vor dem Aushärten der jungen Knospen gegen Ende des Sommers.
- UMTOPFEN: Frühjahrsbeginn.
- DÜNGEN: Frühjahrsbeginn.
- GIESSEN: Nur wenig.

Geeignete Sorten

Pieris formosa. Winterhart in Zonen 6-7.

Pieris japonica ›Variegata‹. Winterhart bis Zone 6. Weiß geränderte Blätter. P. J. ›Nana‹ ist von Natur aus zwergwüchsig, winterhart bis Zone 1.

Pinus (Kiefer)

- FORMEN: Streng aufrecht, frei aufrecht, gelehnt, Kaskade, Halbkaskade, Literatenform, Jin, Wurzelstamm, Wurzel umklammert den Felsen, Pflanzung auf dem Felsen, Doppelstamm, Mehrfachstamm, Waldpflanzung.
- TEMPERATUR: Unterschiedlich je nach Sorte.
- FREILANDPFLANZE
- WINTERHÄRTE: Winterhart in den Zonen 3-8.
- NICHTBLÜHEND
- IMMERGRÜN

Die Kiefer gilt oft als die Königin der Bäume. In der Lehre des Bonsai wird die Japanische Schwarzkiefer als Krieger (Samurai) bezeichnet. Die robuste Kiefer verkörpert Stärke aufgrund ihrer Gestalt und der Struktur ihrer Äste, gleichzeitig ist sie wegen ihrer glänzend grünen Nadeln und ihrer Formvollendung auch ein Sinnbild für Schönheit. Kiefern sind so vielfältig, daß sie unter den verschiedendsten Wachstumsbedingungen gedeihen. Der Bonsailiebhaber findet stets die richtige Sorte für die vorhandenen Bedingungen. Kiefern werden aufsehenerregende Bonsai. Einige Arten sind einfacher zu pflegen als andere. Die meisten Arten erhält man in Baumschulen, ausgefallene Sorten sind als Sämlinge oder Saatgut in Spezialgärtnereien erhältlich. Sie mögen viel Sonne, man sollten sie jedoch nicht überwässern. Vor Wind und Salzluft schützen.

- SCHNITT: Entfernen der jungen Triebe im Frühjahr nach dem ersten Wachstumsschub. Es hat ein kompaktes Wachstum zur Folge, wenn Sie mehrere Kerzen zwischen die Finger nehmen und diese mindestens um die Häfte einkürzen.
  Entfernen sie die neuen Kerzen vollständig, wenn ein drastischer Schnitt notwendig ist. Kürzen Sie zu lange Nadeln, reduzieren Sie gleichzeitig die Nadelmenge an jedem Ast. Schneiden Sie mehrmals im Frühjahr. Entfernen Sie zu Frühjahrsbeginn störende und uner-

Mädchenkiefer (*Pinus parviflora*) aus der Ueda-Sammlung, Japan.

wünschte Äste. Kürzen Sie die Nadeln im Sommer auf ein Drittel, wenn sie noch immer zu lang sind. Düngen Sie anschließend, damit neue Nadeln entstehen können. Im frühen Herbst sollten Sie alle paar Jahre jede Astspitze bis auf fünf oder sechs Nadelbüschel in Stammnähe kürzen.

- UMTOPFEN: Alle drei Jahre gegen Herbstende oder in kalten Klimazonen zu Frühjahrsbeginn oder in der Frühjahrsmitte. In wärmeren Klimazonen früher, jedoch vor dem Öffnen der neuen Nadeln.
- DÜNGEN: Erst wenn sich alle Triebe voll entwickelt haben. Düngen Sie bei Bedarf im Früh- oder Hochsommer nach Aushärten der jungen Triebe mit organischem Flüssigdünger oder mit schwachem handelsüblichen Dünger.
- GIESSEN: Im Frühjahr, in der aktiven Wachstumsperiode, sollte einmal täglich reichlich gegossen werden. Nicht überwässern. An heißen Tagen zweimal täglich oder so oft wie nötig gießen.

Geeignete Sorten

Pinus albicaulis. Stammt von der nordwestlichen Pazifikküste Amerikas. Winterhart bis Zone 4.
Pinus aristata (Fuchsschwanz, Grannenkiefer). Wächst langsam.
Winterhart bis Zone 6.
Pinus contorta. Winterhart bis Zone 7.
Pinus densiflora (Japanische Rotkiefer). Die zierlichste unter den Kiefern. Mag trockene Bedingungen und braucht ausreichend Schutz vor rauhen Wintern. Winterhart bis Zone 5.
Pinus koraiensis. Neue Nadeln müssen alle zwei bis drei Jahre entfernt werden. Toleriert Wind, muß jedoch geschützt werden. Winterhart bis Zone 3.
Pinus mugo (Bergkiefer). Winterhart bis Zone 3.
Pinus muricata. Winterhart bis Zone 8.
Pinus parviflora (Mädchenkiefer). Die Nadeln müssen alle ein bis zwei Jahre entfernt werden, bevor sie aushärten. Windtolerant. Mag viel Sonne und recht trockene Bedingungen. Winterhart bis Zone 6. Wird in der japanischen Literatur auch oft *P. pentaphylla* genannt.
Pinus pumila (Kriech- oder Zwergkiefer). Toleriert Sonne und Wind. Winterhart bis Zone 4.
Pinus rigida (Pechkiefer). Gedeiht auf magerem Boden. Winterhart bis Zone 5.
Pinus sylvestris (Föhre, Gemeine Kiefer). Hat blaugrüne Nadeln und eine abblätternde Rinde. Sehr winterharte Sorte, bis Zone 3.
Pinus thunbergii. (Japanische Schwarzkiefer, Thunbergskiefer). Volle Sonne, lieber zu trocken als zu feucht. Toleriert Wind und Salzluft. Vermeiden Sie Verletzungen der Stammrinde! Winterhart bis Zone 5.

Prunus (Mandelbaum)

- FORMEN: Frei aufrecht, gelehnt, Kaskade, Halbkaskade, Literatenform, Spiralform, Shari, Jin, Wurzel umklammert den Felsen, Pflanzung auf dem Felsen, Doppelstamm, Mehrfachstamm, Floßform, Waldpflanzung, Saikei.
- TEMPERATUR: 4-15°C.
- FREILANDPFLANZE
- WINTERHÄRTE: Je nach Sorte winterhart bis Zonen 3-8.
- BLÜHEND
- LAUBABWERFEND

Winterharter, gut beasteter Strauch mit schönem Herbstlaub. Kühl halten, vorzugsweise im Treibhaus.

- SCHNITT: Nach der Blüte zu Frühjahrsbeginn und im Herbst.
- UMTOPFEN: Frühjahrsanfang und Herbst.
- DÜNGEN: Frühjahrsbeginn vor der Blüte und Herbst.
- GIESSEN: So häufig wie nötig.

Geeignete Sorten

Prunus dulcis. Doppelte weiße und rosa Blüten. Winterhart bis Zone 7.
Prunus glandulosa. Weiße und rosa Blüten, dunkelrote Früchte. Winterhart bis Zone 4.

Thunbergskiefer (*Pinus thunbergii*) aus der Oguchi-Sammlung, Japan.

Prunus triloba. Gefüllte weiße und rosa Blüten, rote Früchte.
Winterhart bis Zone 3.

Prunus (Zieraprikose)

- Formen: Frei aufrecht, gelehnt, Kaskade, Halbkaskade, Doppelstamm, Mehrfachstamm.
- Temperatur: Warm, bei kühleren Nächten, was die Blüten- und Fruchtbildung begünstigt.
- Freilandpflanze
- Winterhärte: Winterhart bis Zone 7.
- Blühend
- Laubabwerfend

Wird in China seit etwa 2000 v. Chr. kultiviert; klassischer Bonsai. Die Blüten sind rosa, die Früchte rot – spätere Blüten sind weiß bis dunkelrot, die Früchte gelb bis dunkelgrün. Mag viel Sonne, in der wärmsten Zeit des Sommers auch etwas Schatten. Zuviele Blüten können der Pflanze schaden.

- Schnitt: Junge Triebe bis zum Spätsommer wachsen lassen. Anschließend bis auf ein, zwei oder mehr Knoten zurückschneiden.
- Umtopfen: Frühjahrsanfang.
- Düngen: Schätzt organischen Flüssigdünger in der Wachstumsperiode.
- Giessen: So häufig wie nötig.

Geeignete Sorte

Prunus mume (Japanische Aprikose). Die berühmte »Pflaume« des Orients. Im Winter weiße bis dunkelrote Blüten und gelbe bis grüne Früchte. Winterhart bis Zone 7.

Prunus (Zierkirsche)

- Formen: Frei aufrecht, gelehnt, Kaskade, Halbkaskade, Doppelstamm, Mehrfachstamm, Floßform, kriechende Form, Zweier- oder Dreiergruppen.
- Temperatur: -17°C, außer bei P. japonica.
- Freilandpflanze
- Winterhärte: Je nach Sorte winterhart bis Zonen 3-8.
- Blühend
- Laubabwerfend

Ein bedeutendes Symbol Japans mit vielen geeignete Sorten. Man findet sie auf alten Bauernhöfen und in Baumschulen, seltenere Sorten in Bonsaibaumschulen. Zieht im Sommer Halbschatten und den Rest des Jahres volle Sonne vor. Leider toleriert keine der Sorten Smog.

- Schnitt: Nach der Blüte, jedoch vor dem Aushärten der neuen Knospen.
- Umtopfen: Frühjahrsanfang, nach der Blüte, Herbst.
- Düngen: In der Wachstumsperiode mit organischem Flüssigdünger.
- Giessen: Häufig, vor allem im Sommer.

Geeignete Sorten

Prunus campanulata (Taiwankirsche). Frühe Blüten tief rosenrot, rote Früchte. Winterhart bis Zone 8.
Prunus incisa. Rote oder rosa Blüten, schwarzviolette Früchte, Herbstlaub färbt sich orange. Winterhart bis Zone 6.
Prunus japonica (Japanische Mandelkirsche). Weiße und rosa Blüten, weinrote, eßbare Früchte. Diese Sorte hat die geringste Winterhärte und braucht etwas wärmere Klimabedingungen als andere Sorten. Winterhart bis Zone 4.
Prunus pseudocerasus. Weiße, duftende Blüten. Winterhart bis Zone 6.
Prunus serrulata (Tibetkirsche). Weiße Blüten, schwarze Früchte. Einige Sorten sind auch für Bonsai geeignet, darunter auch *P. s.* ›Kanzan‹.
Prunus subhirtella (Higankirsche). Gebrochen weiße bis rosa Blüten, schwarze Früchte. Winterhart bis Zone 6.
P. s. ›Pendula‹. Trauerform. Kleine, gewundene Hängeäste.
Prunus tomentosa (Filzblättrige Strauchkirsche, Filzkirsche). Weiße Blüten, rote Beeren. Sehr winterhart bis Zone 3.

Prunus (Zierpfirsich)

- FORMEN: Frei aufrecht, gelehnt, Kaskade, Halbkaskade, Doppelstamm, Mehrfachstamm.
- TEMPERATUR: Unterschiedlich je nach Sorte.
- FREILANDPFLANZE
- WINTERHÄRTE: Winterhart bis Zone 7.
- BLÜHEND
- LAUBABWERFEND

Der Baum gedeiht im Sommer bei viel Sonne, wenn er häufig und gründlich gewässert wird. In den meisten Baumschulen und Bonsaibaumschulen erhältlich.

- SCHNITT: Sorgfältiger Schnitt nach der Blüte, jedoch vor dem Aushärten der neuen Knospen.
- UMTOPFEN: Frühjahrsanfang, nach der Blüte, Frühherbst.
- DÜNGEN: Frühjahr und Herbst nach der Blüte.
- GIESSEN: Häufig.

Geeignete Sorte

Prunus culpis. Weiße bis rosa Blüten. Früchte sind ungenießbar. Winterhart bis Zone 7.

Prunus (Zierpflaume)

- FORMEN: Frei aufrecht, gelehnt, Kaskade, Halbkaskade, Doppelstamm, Mehrfachstamm.
- TEMPERATUR: Je nach Sorte unterschiedlich.
- FREILANDPFLANZE
- WINTERHÄRTE: Winterhart bis Zone 8.
- BLÜHEND
- LAUBABWERFEND

Eine andere wichtige Bonsaiart, die im Sommer Halbschatten und das restliche Jahr volle Sonne braucht.

- SCHNITT: Nach der Blüte, jedoch vor dem Aushärten der neuen Knospen.
- UMTOPFEN: Jährlich zum Frühjahrsbeginn.

Detailaufnahme der Knospen der Higan-Kirsche (*Prunus subhirtella*).

- DÜNGEN: Im Frühjahr und Herbst nach der Blüte.
- GIESSEN: Häufig.

Geeignete Sorten

Prunus cerasifera (Kirschpflaume, Myrobalane). Wuchskräftig, mit hübschen, kleinen weißen Blüten. ›Atropurpurea‹ ist eine violettblättrige Sorte mit Schattierungen von kupferrot bis fast schwarz.
Prunus salicina (Japanische Pflaume). Weiße Blüten und rote oder gelbe Früchte. Winterhart bis Zone 8.

Punica (Granatapfel)

- FORMEN: Frei aufrecht, gelehnt, Kaskade, Halbkaskade, Literatenform, Doppelstamm, Mehrfachstamm, Floßform, kriechende Form, Zweier- oder Dreiergruppen, Saikei.
- TEMPERATUR: 7-20°C.
- ZIMMERPFLANZE
- WINTERHÄRTE: Winterhart bis Zone 9.
- BLÜHEND
- LAUBABWERFEND

Pflegeleicht, brauchen jedoch im Winter guten Schutz, obwohl sie im Freien bis 4°C winterhart sind. Werden oft als Bonsaimaterial verwendet. Wunderschöner Stamm, zartes Blattwerk, rote Früchte und gelbes Herbstlaub. Blüten sind orangerot. Braucht Halbschatten im Sommer und das restliche Jahr volle Sonne.

- SCHNITT: Am Frühjahrsanfang oder im Spätherbst Triebe bis auf ein bis zwei Knoten zurückschneiden. Im Sommer wiederholen. Triebe an der Stammbasis stets entfernen.
- UMTOPFEN: Nach dem Öffnen der jungen Blätter im Frühjahr.
- DÜNGEN: Frühjahrsanfang, Herbst.
- GIESSEN: Häufig.

Geeignete Sorte

Punica granatum (Taiwankirsche). Frühe Blüten tief rosenrot, rote Früchte. Winterhart bis Zone 8.

Pyracantha (Feuerdorn)

- FORMEN: Frei aufrecht, gelehnt, Kaskade, Halbkaskade, Wurzel umklammert den Felsen, Pflanzung auf dem Felsen, Doppelstamm, Mehrfachstamm, Saikei.
- TEMPERATUR: -17 °C.
- FREILANDPFLANZE
- WINTERHÄRTE: Winterhart bis Zone 7.
- BLÜHEND/ BEERENTRAGEND
- IMMERGRÜN

Pflegeleicht, man muß sich jedoch vor den Dornen in acht nehmen, von denen sich der Name ableitet. Verschiedene Sorten meist mit roten oder orangefarbenen, manchmal auch mit gelben Beeren. Gängige Sorten in Pflanzschulen, ausgefallene Sorten in Spezialgärtnereien erhältlich. Braucht viel Sonne.

- SCHNITT: Nach der Blüte, jedoch vor dem Aushärten der neuen Knospen. Ein wohlüberlegter Schnitt fördert die Blüten- und Beerenbildung.
- UMTOPFEN: Frühjahr.
- DÜNGEN: Frühjahrsanfang und Herbst.
- GIESSEN: Häufig.

Geeignete Sorten

Pyracantha angustifolia. Orangerote Beeren. Winterhart bis Zone 7.
Pyracantha coccinea. Kleine weiße Blüten

Detailaufnahme der Blätter der Küstensequoie (*Sequoia sempervirens*).

und rote Beeren. Winterhart bis Zone 7.
Pyracantha fortunaeana. Winterhart bis Zone 7.

Quercus (Eiche)

- FORMEN: Frei aufrecht, gelehnt, Halbkaskadenform, Doppelstamm, Mehrfachstamm.
- TEMPERATUR: Unterschiedlich je nach Sorte.
- FREILANDPFLANZE
- WINTERHÄRTE: Winterhart bis Zone 5.
- BLÜTE: UNBEDEUTEND
- LAUBABWERFEND

Winterhart. Sehr schöne Herbstfärbung (rot, orange, gelb, mahagoni). Braucht das ganze Jahr über viel Sonne, zieht im Winter Halbschatten vor. Als Sämling oder Saatgut in Baumschulen oder im Bonsaifachhandel erhältlich.

- SCHNITT: Triebe im Sommer entfernen; Hauptschnitt im späten Frühjahr/ Frühsommer.
- UMTOPFEN: Frühjahrsanfang.
- DÜNGEN: Frühjahr.
- GIESSEN: Mäßig.

Geeignete Sorten

Quercus agrifolia. Winterhart bis Zone 9.
Quercus dentata (Kaisereiche). Winterhart bis Zone 6.
Quercus glandulifera (Japanische Stieleiche). Breitblättrig. Winterhart bis Zone 6.
Quercus marilandica.
Winterhart bis Zone 6.
Quercus myrsinifolia.
Winterhart bis Zone 8.
Quercus palustris (Sumpfeiche).
Winterhart bis Zone 5.
Quercus suber (Korkeiche). Bekannt wegen ihrer dicken Rinde, aus der weltweit Kork gewonnen wird. Winterhart bis Zone 8.

Rhododendron

- FORMEN: Frei aufrecht, gelehnt, Kaskade, Halbkaskade, Wurzel umklammert den Felsen, Pflanzung auf dem Felsen, Doppelstamm, Floßform, Waldpflanzung.
- TEMPERATUR: Unterschiedliche Temperaturen je nach Sorte.
- FREILANDPFLANZE
- WINTERHÄRTE: Je nach Sorte.
- BLÜHEND
- IMMERGRÜN.

Ein winterharter Strauch, der in einer geradezu unglaublichen Farbpalette wunderschön blüht. Standort im Halbschatten.

- SCHNITT: Nach Bedarf im späten Winter bzw. zu Beginn des Frühjahrs.
- UMTOPFEN: Alle drei Jahre im späten Winter oder zu Beginn des Frühjahrs.
- DÜNGEN: Im späten Winter bzw. zu Beginn des Frühjahrs und im Herbst.
- GIESSEN: Häufig, liebt Feuchtigkeit.

Geeignete Sorten

Rhododendron degronianum. Liebliche rosa Blüten. Winterhart bis Zone 7.
Rhododendron fastigiatum. Hellviolett. Winterhart bis Zone 6.
Rhododendron flavidum. Gelbe Blüten. Winterhart bis Zone 6.
Rhododendron impeditum. Blauviolette, duftende Blüten. Winterhart bis Zone 6.
Rhododendron metternichii. Rosenrot mit tieferroten Flecken. Winterhart bis Zone 6.
Rhododendron myrtifolium. Fliederrosa Blüten. Winterhart bis Zone 6.
Rhododendron racemosum. Weiße, rosa oder rosenrote Blüten. Winterhart bis Zone 6.
Rhododendron rupicola. Dunkelviolette bis purpurfarbene Blüten. Winterhart bis Zone 7.
Rhododendron williamsianum. Blaß rosenrote Blüten. Winterhart bis Zone 7.
(siehe auch Azalea)

Rosmarinus (Rosmarin)

- FORMEN: Frei aufrecht, gelehnt, Kaskade, Halbkaskade, Wurzel umklammert den Felsen.
- TEMPERATUR: 7°C.
- FREILANDPFLANZE/ ZIMMERPFLANZE
- WINTERHÄRTE: Winterhart bis Zone 8.
- BLÜHEND
- IMMERGRÜN.

Wächst in fast jedem Kräutergarten und wird von Köchen in aller Welt verwendet. Kleine Blätter, ein natürlich gewundener Stamm und eine interessant aussehende Rinde machen den Rosmarin zu einem besonders geeigneten Objekt für Bonsai. Nur in mildem Klima ist er winterhart, kann aber in den kälteren Monaten ins Haus gebracht werden, solange er möglichst Licht bekommt und nachts kühl steht. Nicht austrocknen lassen. In jeder Gärtnerei erhältlich.

- SCHNITT: Jederzeit.
- UMTOPFEN: Frühjahrsanfang.
- DÜNGEN: Frühjahrsanfang und Herbst.
- GIESSEN: Häufig. Blätter besprühen.

Geeignete Sorte

Rosmarinus officinalis. Trägt im Frühjahr kleine blaue, weiße oder rosa Blüten. Winterhart bis Zone 9. In vorübergehend kühleren Zonen übersteht er den Winter möglicherweise gut geschützt. ›Prostratus‹ trägt blaue Blüten und feine Blätter.

Salix (Weide)

- FORMEN: Frei aufrecht, gelehnt, Kaskade, Halbkaskade, Wurzel umklammert den Felsen, Pflanzung auf dem Felsen, Doppelstamm.
- TEMPERATUR: Je nach Sorte sehr unterschiedlich.
- FREILANDPFLANZE.
- WINTERHÄRTE: Je nach Sorte sind Zonen 5-10 am günstigsten.
- BLÜHTE: UNBEDEUTEND
- LAUBABWERFEND.

Ein pflegeleichter, winterharter Baum mit auffallendem Laubwerk und einem natürlichen Trauerhabitus. Liebt Feuchtigkeit, wächst stark und schnell. Sommerstandort im Halbschatten.

- SCHNITT: Triebe nur beim Umtopfen entfernen, danach wieder im Herbst.
- UMTOPFEN: Frühjahrsanfang bzw. Frühsommer.
- DÜNGEN: Im späten Winter bzw. zu Frühjahrsanfang.
- GIESSEN: Muß bei Bedarf häufig gewässert werden.

Geeignete Sorten
Salix babylonica (Chinesische oder Babylonische Trauerweide).
Winterhart bis Zone 5.
Salix purpurea ›Nana‹ (Steinweide).
Winterhart bis Zone 5.

Sequoia (Mammutbaum)

- FORMEN: Streng und frei aufrecht, gelehnt, Doppelstamm, Jari, Mehrfachstamm, Waldpflanzung.
- TEMPERATUR: Im Winter Zimmertemperatur erforderlich.
- FREILANDPFLANZE/ ZIMMERPFLANZE
- WINTERHÄRTE: Winterhart bis Zone 7.
- NICHTBLÜHEND
- IMMERGRÜN

Der berühmte kalifornische Mammutbaum. In der Natur ein Riese und ein äußerst interessanter Bonsai. Hat eine schöne, rotbraune Rinde und nadelähnliche Blätter. Toleriert leichten Schatten, zieht jedoch die Sonne vor.

- SCHNITT: Frühjahrsanfang.
- UMTOPFEN: Frühjahrsanfang.
- DÜNGEN: Frühjahrsanfang und Herbst.
- GIESSEN: Muß häufig gewässert werden.

Geeignete Sorte
Sequoia sempervirens (Küstensequoie).
Winterhart bis Zone 7.

Serissa (Baum der tausend Sterne)

- FORMEN: Streng und frei aufrecht, gelehnt, Kaskade, Halbkaskade, Literatenform, Wurzelstamm, Pflanzung auf dem Felsen, Wurzel umklammert den Felsen, Doppelstamm, Mehrfachstamm, Floßform, kriechende Form, Saikei.
- TEMPERATUR: Braucht im Herbst, Winter und Frühjahr Treibhaus- oder Zimmertemperaturen, wobei die Nächte etwas kühler sein sollten als die Tage.
- ZIMMERPFLANZE
- WINTERHÄRTE: Winterhart bis Zone 9.
- BLÜHEND
- IMMERGRÜN

Zimmerpflanze mit kleinen, weißen Blüten. Braucht möglichst viel Licht. In den meisten Gärtnereien mit Zimmerpflanzensortiment erhältlich.

- SCHNITT: In der Wachstumsphase und wenn die Triebe mehrere Knoten entwickelt haben auf ein bis zwei Knoten in Stammnähe zurückschneiden.
- UMTOPFEN: Frühjahr.
- DÜNGEN: Während der Wachstumsperiode einmal monatlich.
- GIESSEN: Häufig.

Geeignete Sorten
Serissa crassiramea. Breitblättriger Strauch mit weißen Blüten. Bevorzugt direkte Sonne.

Detailaufnahme der Blätter und Blüten von *Serissa foetida*.

Serissa foetida. Ausgezeichnetes Bonsaimaterial mit Blättern und Blüten, die größenmäßig dem gewünschten Aussehen entsprechen. Weiße einfache oder gefüllte Blüten. Verströmt beim Schnitt einen schwachen Gestank. ›Variegata‹ hat grüne, gelb geränderte Blätter.

Stewarthia

- FORMEN: Frei aufrecht, gelehnt, Wurzel umklammert den Felsen, Doppelstamm, Mehrfachstamm.
- TEMPERATUR: Von Sorte zu Sorte verschieden.
- FREILANDPFLANZE
- WINTERHÄRTE: Bis Zone 9 relativ winterhart.
- BLÜHEND
- LAUBABWERFEND

Ein Strauch oder kleiner Baum mit ovalen Blättern und goldenem Herbstlaub. Verträgt keinen kalkhaltigen Boden.

- SCHNITT: Nach der Blüte, jedoch vor dem Aushärten der neuen Knsopen.
- UMTOPFEN: Frühjahrsanfang.
- DÜNGEN: Frühjahrsanfang, Herbst.
- GIESSEN: Häufig.

Geeignete Sorten
Stewartia monadelpha. Winterhart bis Zone 8. Weiße Blüten.

Stewartia pseudocamellia. Weiße Blüten. Winterhart bis Zone 8.

Tamarix (Tamariske)

- FORMEN: Streng aufrecht, gelehnt, Kaskade, Halbkaskade, Wurzel umklammert den Felsen, Pflanzung auf dem Felsen, Doppelstamm, Mehrfachstamm, Zweier- und Dreiergruppen, Saikei.
- TEMPERATUR: Von Sorte zu Sorte leicht unterschiedlich.
- FREILANDPFLANZE
- WINTERHÄRTE: Zonen 3-7.
- BLÜHEND
- LAUBABWERFEND

Winterharter Strauch mit schönen, größenmäßig passenden Blättern und kleinen Blüten. Gedeiht selbst am Meer, da er Salzluft toleriert. Die meisten Sorten stammen aus wüstenähnlichen Regionen. In allgemeinen und spezialisierten Baumschulen erhältlich.

- SCHNITT: Neue Triebe erst nach dem Wachstum im Herbst drastisch einkürzen.
- UMTOPFEN: Frühjahr.
- DÜNGEN: Frühjahrsanfang, Frühsommer, Herbst.
- GIESSEN: Pflanze stets naß halten.

Geeignete Sorten
Tamarix chinensis. Die am wenigsten winterharte Sorte mit violett-rosa Blüten im Frühjahr und Sommer.
Tamarix parviflora. Rosa. Winterhart.
Tamarix ramoisissima

Taxodium (Sumpfzypresse)

- FORMEN: Formal und frei aufrecht, gelehnt, Shari, Jin, Pflanzung auf dem Felsen, Doppelstamm, Mehrfachstamm, Waldpflanzung.
- TEMPERATUR: Von Sorte zu Sorte leicht unterschiedlich.
- FREILANDPFLANZE

Stewartia monadelpha. Detailaufnahme der Stämme und Blätter.

- WINTERHÄRTE: Je nach Sorte winterhart bis Zone 5.
- NICHTBLÜHEND
- IMMERGRÜN

Ein für Bonsai sehr interessantes Objekt. Lebt in Feuchtbiotopen, z. B. in Sumpfgebieten. Weist »Kniee« auf, die von den Wurzeln nach oben wachsen. Am ehesten in Bonsaibaumschulen oder über den Gartenversand erhältlich.

- SCHNITT: Triebspitzen während der gesamten Wachstumsperiode entfernen.
- UMTOPFEN: Spätes Frühjahr.
- DÜNGEN: Frühjahrsanfang, Frühsommer, Herbst.
- GIESSEN: Pflanze stets feucht halten.

Geeignete Sorte
Taxodium distichum (Sumpfzypresse, Sumpfeibe). Winterhart bis Zone 5.

Taxus (Eibe)

- FORMEN: Formal und frei aufrecht, Shari, Doppelstamm, Mehrfachstamm.
- TEMPERATUR: Von Sorte zu Sorte unterschiedlich.
- FREILANDPFLANZE
- WINTERHÄRTE: Winterhart in den Zonen 5-7.
- NICHTBLÜHEND
- IMMERGRÜN

Immergrüne Konifere, die wegen ihrer Pflegeleichtigkeit und Winterhärte beliebt ist . Dunkelgrünes Laubwerk und ein Wachstumsmuster, das für eine formale Gestaltung gut geeignet ist. Der weibliche Baum trägt Früchte mit rotem Samenmantel, was seinen Wert als Bonsaimaterial noch erhöht. Bevorzugt Halbschatten. In Bonsaibaumschulen als Sämling und Saatgut erhältlich.

- SCHNITT: Entfernen der Triebe bei Bedarf während der gesamten Wachstumsperiode. Verschieben Sie den Schnitt bis zum Erscheinen der »Blüten«, wenn der Baum Früchte ansetzen soll. Lassen Sie die Blütenknoten stehen, kürzen Sie nur die neuen Triebe ein.
- UMTOPFEN: Zwischen Frühjahr und Herbst.
- DÜNGEN: Frühjahr und Herbst
- GIESSEN: Regelmäßig.

Geeignete Sorten
Taxus baccata (Gemeine Eibe). Winterhart bis Zone 5, es gibt einige robustere Sorten.
Taxus brevifolia. Winterhart bis Zone 6.
Taxus chinensis. Winterhart bis Zone 6.
Taxus cuspidata (Japanische Eibe). Winterhart bis Zone 6. *T. c.* ›Nana‹ zählt zu den geeigneten Sorten.
Taxus media. Hybride, winterhart bis in die Zone 5.

Trachelospermum

- FORMEN: Frei aufrecht, gelehnt, Kaskade, Halbkaskade, Literatenform, Pflanzung auf dem Felsen, Doppelstamm, Mehrfachstamm, Saikei.
- TEMPERATUR: 7-18°C.
- FREILANDPFLANZE/ ZIMMERPFLANZE
- WINTERHÄRTE: Je nach Sorte winterhart bis Zone 8.
- BLÜHEND
- IMMERGRÜN in wärmeren Klimazonen.

In wärmeren Klimazonen winterhart, in kälteren Regionen als Zimmer- oder Treibhauspflanze. Bekannt für ihren Duft. In spezialisierten Gärtnereien erhältlich.

- SCHNITT: Nach der Blüte Triebe mit mehreren Knoten auf ein bis zwei Knoten in Stammnähe einkürzen.
- UMTOPFEN: Zwischen Spätfrühjahr und Herbst.
- DÜNGEN: Frühjahrsbeginn, Sommer, Herbst. Schätzt organischen Flüssigdünger.
- GIESSEN: Häufig.

Geeignete Sorte
Trachelospermum asiaticum. Gelbe Blüten. Winterhart bis Zone 8.

Tsuga (Hemlocktanne)

- FORMEN: Streng aufrecht, frei aufrecht, gelehnt, Doppelstamm, Mehrfachstamm, Floßform, kriechende Form, Waldpflanzung, Saikei.
- TEMPERATUR: Unterschiedlich je nach Sorte.
- FREILANDPFLANZE
- WINTERHÄRTE: Je nach Sorte winterhart in den Zonen 3-7.
- NICHTBLÜHEND
- IMMERGRÜN

Eine winterharte immergrüne Konifere, die in Baumschulen erhältlich ist. Bevorzugt im Sommer Halbschatten. Exotische Sorten findet man als Sämlinge und Saatgut in Bonsaibaumschulen.

- SCHNITT: Triebspitzen im Frühjahr mehrfach entfernen, bevor die neuen Triebe aushärten; ein kleines Nadelbüschel an der Basis stehenlassen.
- UMTOPFEN: Im Frühjahr vor dem Ausschlagen der neuen Triebe.
- DÜNGEN: Später Winter und Frühjahrsanfang.
- GIESSEN: Häufig, sofern für gute Entwässerung gesorgt ist.

Geeignete Sorten
Tsuga canadensis (Kanadische Hemlocktanne). Winterhart bis Zone 3.
Tsuga diversifolia (Nordjapanische Hemlocktanne). Winterhart bis Zone 6.

Detailaufnahme der Blätter der *Japanischen Eibe* (Taxus cuspidata).

Tsuga heterophylla (Westliche Hemlocktanne). Winterhart bis Zone 7.
Tsuga sieboldii (Südjapanische Hemlocktanne). Winterhart bis Zone 6.

Ulmus (Ulme)

- FORMEN: Streng aufrecht, gelehnt, Besenform, Doppelstamm, Mehrfachstamm, Waldpflanzung.
- TEMPERATUR: Von Sorte zu Sorte leicht unterschiedlich.
- FREILANDPFLANZE/ ZIMMERPFLANZE
- WINTERHÄRTE: Winterhart in den Zonen 3-7.
- BLÜTE: UNBEDEUTEND
- IMMERGRÜN/ LAUBABWERFEND

In wärmeren Klimazonen winterhart; feine Astverzweigungen sind möglich.

- SCHNITT: Nach der Wachstumsperiode, wenn sich an jungen Trieben mehrere Knoten gebildet haben, auf ein bis zwei Knoten hinter dem Stamm oder Hauptast zurückschneiden.
- UMTOPFEN: Frühjahrsanfang.
- DÜNGEN: Später Winter/ Frühjahrsanfang.
- GIESSEN: Mäßig.

Geeignete Sorten
Ulmus carpinifolia (Feldulme).
Ulmus davidiana japonica. Winterhart bis Zone 6.
Ulmus parvifolia (Chinesische Ulme). Winterhart bis Zone 6.
Ulmus procera (Englische Ulme). Winterhart bis Zone 6.

Viburnum (Schneeball)

- FORMEN: Frei aufrecht, gelehnt, Kaskade, Halbkaskade, Wurzel umklammert den Felsen, Pflanzung auf dem Felsen, Doppelstamm, Mehrfachstamm.
- TEMPERATUR: Von Sorte zu Sorte unterschiedlich.
- FREILANDPFLANZE
- WINTERHÄRTE: Die meisten immergrünen Sorten sind bis Zone 5 winterhart, die meisten laubabwerfenden bis Zone 3.
- BLÜHEND
- IMMERGRÜN/ LAUBABWERFEND

Grüne Blätter aller Größen und Formen je nach Sorte, wobei die meisten sich im Herbst rot bis mahagoni verfärben. Weiße und gebrochen weiße Blüten erscheinen im späten Frühjahr, Beeren im Herbst. Die meisten Sorten sind unempfindlich gegen Schädlingsbefall. Sonniger Standort.

- SCHNITT: Nach der Blüte vor dem Aushärten der neuen Knospen.
- UMTOPFEN: Frühjahrsanfang.
- DÜNGEN: Frühjahrsanfang, Herbst.
- GIESSEN: Häufig.

Geeignete Sorten
Viburnum dilatatum. Laubabwerfend, breitblättrig, winterhart bis Zone 5.
Viburnum opulus ›Nanum‹ (Gemeiner Schneeball). Laubabwerfend, winterhart bis Zone 3.
Viburnum plicatum tomentosum ›Mariesii‹. Laubabwerfend, winterhart bis Zone 5.
Viburnum prunifolium. Winterhart bis Zone 3.

Weigelia (Weigelie)

- FORMEN: Frei aufrecht, gelehnt, Kaskade, Halbkaskade, Doppelstamm, Mehrfachstamm.
- TEMPERATUR: Von Sorte zu Sorte unterschiedlich.
- FREILANDPFLANZE
- WINTERHÄRTE: Winterhart bis Zone 5.
- BLÜHEND
- LAUBABWERFEND

Nicht sehr häufig verwendete, dennoch gut geeignete breitblättrige Pflanze. Zu finden in alten Gärten und Pflanzschulen. Blüht im späten Frühjahr an den Trieben des Vorjahres. Halbschatten.

- SCHNITT: Erst nach der Blüte beschneiden, da sich Blüten an den Trieben des Vorjahres befinden. Im darauffolgenden Frühjahr nicht schneiden, da sonst keine Blüte.
- UMTOPFEN: Frühjahrsanfang.
- DÜNGEN: Frühjahrsanfang, Frühsommer, Herbst.
- GIESSEN: Gleichmäßig feucht halten. Pflanze darf nie völlig austrocknen.

Geeignete Sorten

Weigela florida. Rosa Blüten. Winterhart bis Zone 5. Die Sorten ›Bristol Ruby‹ und ›Eva Rathke‹ haben die kleinsten Blätter und dunkelrote Blüten.
Weigela praecox. Frühreife Sorte mit rosenroten Blüten. Winterhart bis Zone 5.

Wisteria (Glyzine)

- FORMEN: Frei aufrecht, gelehnt, Kaskade, Halbkaskade, Spiralform.
- TEMPERATUR: -7-15°C je nach Sorte.
- FREILANDPFLANZE
- WINTERHÄRTE: Je nach Sorte winterhart bis Zonen 5-9.
- BLÜHTE: Lavendelfarbene bis weiße Blüten. Hängende Blütentrauben.
- LAUBABWERFEND

Winterfestes Klettergehölz, mit dem man spektakuläre Bonsai gestalten kann. Alte Pflanzen findet man in alten Gärten, junge in Gärtnereien. Mit der Zeit entwickeln Glyzinen knorrige Stämme und markante Wurzeln. Nach der Blüte bilden sich Samenhülsen, die Sie alle oder fast alle entfernen. Sonniger Standort, außer bei extremer Sommerhitze.

Detailaufnahme der Blüte der Glyzine (*Wisteria floribunda*).

- SCHNITT: Im Sommer nach der Blüte die meisten jungen Triebe entfernen bis auf zwei oder drei Knospen entfernen. Vor dem Erhärten der Blätter Seitenäste kürzen oder entfernen. Nach dem Abfallen des Herstlaubs Seitenäste schneiden. Größere Schnittmaßnahmen erfolgen im Winter. Die Blüten sitzen auf den kürzesten Trieben, Sie können die längsten Triebe aus ästhetischen Gründen stehenlassen. Wegen ihrer Wuchskraft sollte die Kletterpflanze häufig beschnitten werden. Achtung: Die Blüte sitzt auf altem Holz. Muß vor Frost geschützt werden.
- UMTOPFEN: Jährlich zu Frühjahrsanfang in einen Topf, der tief genug ist, um die Feuchtigkeit zu halten. Wenn die Glyzine aus Schönheitsgründen in eine flache Schale gesetzt wird, muß auf ausreichende Wasserversorgung geachtet werden. Es kann auch im Herbst umgetopft werden. Von den brüchigen, fleischigen Wurzeln sollten möglichst nur die kleinen beschnitten werden. Die lange Pfahlwurzel niemals beschneiden!
- DÜNGEN: Ab Frühjahrsanfang einmal monatlich, bis Blüten ausgebildet sind. Bis zum Spätsommer erfolgt eine Pause. Nach dem Umtopfen mindestens zwei Monate mit dem Düngen aussetzen. Organischer Fest- und Flüssigdünger fördert die Blüte.
- GIESSEN: Gründlich gießen. Die Pflanze gleichmäßig feucht halten, jedoch (außer bei extrem hohen Temperaturen) vermeiden, daß sie ständig im Wasser steht. Die feinen Wurzeln faulen, wenn sie zu naß sind und trocknen aus oder verbrennen, wenn sie zu trocken sind. Eine gute Luftzirkulation ist notwendig.

Geeignete Sorten

Wisteria floribunda. Veilchenblau, weiß, rot oder rosa. Duftend. Winterhart bis Zone 5.
Wisteria macrostachya. Blaue, fliederfarbene oder violette Blüten. Winterhart bis Zone 6.
Wisteria sinensis (Blauregen). Veilchenblau und nicht duftend. Winterhart bis Zone 5.
Wisteria venusta. Weiße, duftende Blüten. Sehr frühreife Sorte.
Winterhart bis Zone 5.

Zelkova (Zelkove)

- FORMEN: Die Besenform ist eine für diese Gattung ausgezeichnete Gestaltungsform. Der Name kommt von den altmodischen Besen, bei denen die Zweige erst zusammengebunden und dann an einem dickeren Ast befestigt wurden, der als Stiel diente.
- TEMPERATUR: Vor Frost schützen. Die genauen Temperaturen sind von Sorte zu Sorte verschieden.
- FREILANDPFLANZE
- WINTERHÄRTE: Winterhart bis Zone 5.
- BLÜTE: UNAUFFÄLLIG
- LAUBABWERFEND

Winterhart und als Bonsai beliebt. Pflegeleichter Baum mit auffallender Astanordnung, einer interessanten Rinde und gelbem bzw. rotem Herbstlaub.

- SCHNITT: Die Zelkove wächst rasch. Sie verlangt große Aufmerksamkeit in bezug auf den Schnitt. Triebe zwischen Frühjahr und Herbst bis auf wenige Blätter zurückschneiden, um eine gute Aststruktur zu erreichen. Einige Knospen entfernen. Blattschnitt im Frühsommer, aber nur an gesunden Bäumen. Hauptschnitt im Winter.
- UMTOPFEN: Jährlich zu Frühjahrsanfang. Gleichzeitig die Hälfte der Wurzeln beschneiden und wenn nötig in die nächstgrößere Schale setzen.
- DÜNGEN: Nach dem Umtopfen sechs bis acht Wochen mit dem Düngen warten. In den anderen Jahren im Frühjahr und Herbst düngen: Organische Dünger sind vorzuziehen. Keine Düngung im Hoch- und Spätsommer sowie bei kranken Bäumen..
- GIESSEN: Im Winter sparsam, im Frühjahr langsam steigern, im Sommer kräftig gießen. Boden darf zwischendurch nicht austrocknen. Blätter im Sommer besprühen.

Geeignete Sorte

Zelkova serrata (Japanische Ulme). Ovale, stark gezackte Blätter.

Alles in Omiya steht im Einklang mit der Hauptindustrie der Stadt: … Bonsai. Selbst dieser Wegweiser zu einer Bonsaibaumschule ist aus Holz.

Register